Maria Theresia Strommer

Enfantesar

Leni erzählt

Maria Theresia Strommer

Enfantesar

Leni erzählt

www.liliamedia.com

Testarellogasse 31/21, 1130 Wien

„Mit leichtem Fuß und Schritt“, Original: „Le pied léger“, ist eine Komposition von Georges Thiry (Frankreich). Nutzung der Komposition in diesem Buch mit freundlicher Genehmigung des Komponisten.

Illustrationen: Maria Theresia Strommer

Herstellung und Druck: BoD – Books on Demand, Norderstedt

ISBN 978-3-903389-03-8

Dieses Buch gehört

Hier ist Platz für dein Foto. Du kannst dich auch zeichnen. Es macht gar nichts, wenn du dabei über den Rahmen hinaus malst. Wer von uns passt schon in einen Rahmen?

Inhalt

Hier kannst du ganz schnell deine Lieblingsgeschichte finden:

Ein sonderbares Mädchen

Auf einer meiner vielen Wanderungen kam ich zu einer verwilderten Almwiese. Plötzlich lief mir ein kleiner Hund bellend entgegen. „Komm zurück, Daisy!“ hörte ich gleich darauf eine Kinderstimme rufen. Da sah ich ein

Mädchen, das unter einem alten Zirbenbaum saß. „Keine Angst“, sagte es. „Daisy begrüßt dich nur. Ich heiße übrigens Helena, aber du kannst mich ganz einfach Leni nennen. Ich würde mich freuen, wenn du mir ein wenig Gesellschaft leistest. Ich lebe hier nämlich ganz alleine.“ „Gerne“, sagte ich und setzte mich zu ihr ins Gras.

„Warum wohnst du denn nicht unten im Dorf?“ fragte ich. „Früher wohnte ich ja dort“, antwortete Leni, „doch ich musste fort.“

„Warum denn das?“

„Weißt du, ich bin bei meiner Oma aufgewachsen. Nachdem sie jedoch gestorben war, kam eine Frau ins Haus. ‚Ein Kind darf nicht alleine wohnen‘, sagte sie. ‚Ich werde dich in ein Heim bringen. Dort kümmert man sich um verwaiste Kinder wie dich. Es wird dir bestimmt gefallen.‘ Dann deutete die Frau auf Daisy. ‚Den Hund kannst du allerdings nicht mitnehmen. Der kommt in ein Tierheim.‘“

Entsetzt blickte ich Leni an. „Das ist ja schrecklich!“ rief ich aus. „Ja“, sagte Leni, „aber ich ließ es mir nicht gefallen. ‚Meine Daisy geb‘ ich nicht her‘, protestierte ich und stampfte mit dem Fuß auf. ‚Jetzt gib‘ endlich Ruhe‘, schimpfte die Frau, ‚es ist schon schwierig genug, einen geeigneten Platz für ein Kind zu finden. Aber für ein Kind mit Hund ist es geradezu unmöglich. Du musst dich damit abfinden.'

Ich wollte nicht in ein Kinderheim, und schon gar nicht wollte ich mich von Daisy trennen. Da fiel mir dieser Zirbenbaum ein. Ich hatte im Sommer oft mit Oma in der Höhle darunter gewohnt. ‚Die Alm ist unbewirtschaftet', hatte Oma gesagt, ‚und kaum jemand weiß, dass man unter dem alten Baum wohnen kann.' Das war also ein ideales Versteck.

Nachdem die Frau aus der Stube gegangen war, um

meine Sachen zusammenzupacken, nutzte ich die Gelegenheit und lief mit Daisy davon.

Schließlich erreichten wir den schmalen Weg, der zur Almwiese hinaufführt. Als ich dann das Rindentürchen hinter uns geschlossen hatte, atmete ich erleichtert auf. Wir waren in Sicherheit."

In diesem Augenblick flatterten drei Spatzen heran. Sie setzten sich auf einen Zweig und zwitscherten aufgeregt. Dann flogen sie wieder fort. „Die Vögel haben mir einen Besuch angekündigt", sagte Leni. Ich war erstaunt. „Die Vögel haben zu dir gesprochen?"

„Was ist denn daran besonders? Vögel sprechen eben."

„Aha, und welchen Besuch haben sie angekündigt?"

„Morgen kommt ein Junge vorbei, der seine Eltern sucht."

Auf dem Weg zu Leni

Ein besonderer Tag

Wenn man etwas Aufregendes vorhat, kann es leicht geschehen, dass man davor nicht besonders gut schläft.

Leni zu besuchen war zweifellos aufregend, sehr aufregend sogar. So erwachten Eschelju und Dienmut früher als sonst.

Der Junge gähnte und streckte sich. Dann sprang er aus

seiner Erdmulde und begann vergnügt herumzuhüpfen. „Heute ist ein besonderer Tag, heute ist ein besonderer Tag!" rief er fröhlich.

So viel gute Laune wirkte natürlich ansteckend auf Dienmut. Das Taubenschwänzchen hob von seiner Margeritenblume ab und begann lustige Schwirrkreise zu ziehen.

„Beim Fliegenpilz, macht nicht so einen Lärm!" rief eine näselnde Stimme aus dem Baumstamm daneben. Da tauchten auch schon zwei schwarze Ohrenspitzen auf. Die Ohren wurden lang und immer länger, und gleich darauf war der ganze Kopf eines Hasen zu sehen. Es war Erpf Erdfell. Dienmut erweiterte sofort ihre Schwirrkreise und flog vergnügt um den Hasen.

Dieser schüttelte sich. „Hör' doch damit auf. Ich bekomme ja noch Ohrensausen."

„Geh, sei nicht knurrig", sagte Eschelju. „Wir besuchen doch heute Leni. Sie wird uns mehr vom Mondhasen erzählen, und vielleicht weiß sie auch etwas über meine Eltern."

Erpf gähnte. „Was du dir alles einbildest. Ich bin doch nicht knurrig, denn

Knurrestund' ist ungesund.
Für den Hasen und ...."

Erpf kratzte sich hinter dem Ohr und dachte kurz nach. „... den Hund", ergänzte er dann grinsend.

„Welchen Hund?" fragte Eschelju. „Ist doch nicht wichtig, Hauptsache es reimt sich", gab Erpf zurück.

Gleich darauf sprang er mit einem Satz aus dem Baumstamm und sie tollten übermütig herum. Da die Freunde davon recht hungrig wurden, frühstückten sie danach ausgiebig.

Kaum hatten sie fertiggegessen, kamen drei Vögel angeflattert. Es waren die Spatzenschwestern Willibalda, Piep und Matz. „Gut, dass ihr schon gefrühstückt habt", sagte Willibalda, „Leni wohnt oben am Berg. Es dauert recht lange, dorthin zu gelangen. Je früher wir aufbrechen, desto eher sind wir wieder zu Hause. Wie ihr wisst, ist eine geordnete Nachtruhe für uns Spatzen sehr wichtig."

Nach diesen Worten musterte sie Eschelju in seinem neuen Anzug. „Der passt dir wirklich gut", meinte sie, und auch Piep und Matz zwitscherten begeistert.

Eschelju freute sich. Allerdings war er überhaupt nicht eitel. „Die Spinnenkönigin Aura hat dieses Gewand gewoben“, bemerkte er bescheiden.

Nachdem sich die Begeisterung der Spatzen gelegt hatte, brachen die Freunde auf. Sogleich begann Eschelju fröhlich zu pfeifen.

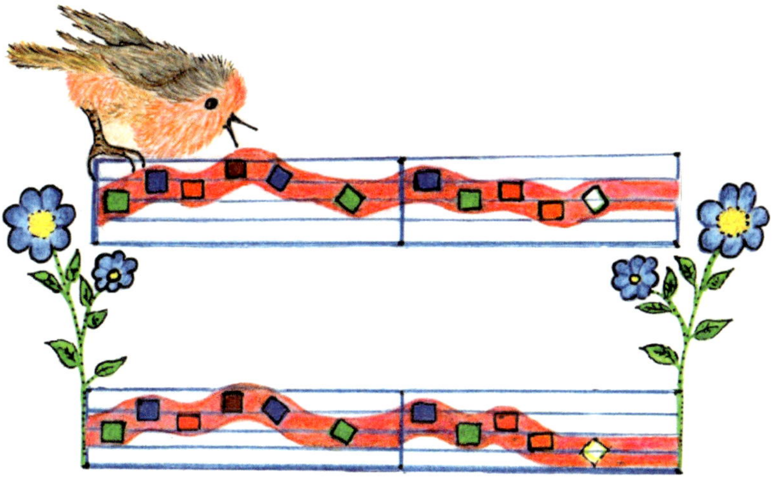

„Was ist denn das?“ staunte Willibalda. „So etwas klingt manchmal in seinem Kopf“, erklärte Dienmut. „Das gefällt mir!“ rief Willibalda. „Du bist ja beinahe wie einer von uns.“

„Du bist ja beinahe wie wir!“ stimmten Piep und Matz zu. Dann trällerten sie Escheljus Lied mit. Vögel haben nämlich naturgemäß ein ausgesprochen gutes Liedgedächtnis. „Das ist wirklich ein schönes Reiselied. Es macht leichtfüßig“, meinte Erpf. Der Hase konnte zwar nicht selbst singen, aber er mochte es, wenn andere sangen.

Zuerst machten sich die Freunde auf den Weg zu König Rotbart. Seit sie den Fuchs aus einer Falle befreit hatten, waren sie nämlich mit seiner Familie befreundet. So hatte es sich ergeben, dass Eschelju Rotbarts Sohn Regin versprochen hatte, ihn zu Leni mitzunehmen.

Als sie sich dem Fuchsbau näherten, kamen ihnen die Füchse mit freudigem Gebell entgegen. Dabei verströmten sie einen wunderbaren Veilchenduft. Das war ein Zeichen der Freundschaft. Erpf hielt dennoch Abstand. Es war einfach klüger, vorsichtig zu sein.

Die Füchse wunderten sich natürlich auch über Escheljus neues Gewand. Allerdings dauerte diese Verwunderung nicht lange. Sie hielten nämlich nicht viel von Äußerlichkeiten.

Regin war mittlerweile ein schönes Stück größer geworden und sah seinem Vater recht ähnlich. Seine Geschwister waren hingegen noch zierlicher.

Regin begann nun übermütig um Eschelju herumzutollen. „Du kannst aber hoch hüpfen“, bemerkte dieser anerkennend. „Das ist noch gar nichts“, erwiderte der kleine Fuchs. „Du müsstest einmal meinen Papa sehen. Der kann mindestens zwei Meter hoch springen.“ Rotbart hatte seinen Sohn mit Stolz betrachtet. „Springen ist gut“, meinte er schließlich, „solange man nicht andere Leute damit belästigt. Bereite dich jetzt für die Reise vor.“

So verabschiedete sich also Regin von seinen Eltern und Geschwistern. Diese hielten dabei ihre buschigen Schwänze zu Boden gesenkt. Regin schaute seine Mutter treuherzig an. „Es ist ja nur für kurze Zeit, Mami“, tröstete er sie. Dann hielt er ihr seine Schnauze für ein

Küsschen hin.

„Wir kommen spätestens heute Nacht wieder“, versprach Eschelju, „doch jetzt müssen wir gehen. Es ist ja ein weiter Weg zu Leni. Außerdem möchte Erpf noch bei Professor Schmudsiglich vorbeischauen.“

Der Hase nickte eifrig. „Ich brauche nämlich dringend den Ratschlag meines Sprachlehrers“, erklärte er, „denn obwohl ich täglich Stimmübungen durchführe, hat sich mein Näseln überhaupt nicht verbessert. Hört nur:

T-t-t-t

p-p-p-p
k-k-k-k.“

Die Füchse blickten einander verwundert an. „Das stört doch niemanden, wenn du näselst“, meinte Rotbart. „Genauso könnte man an deinen spitzen Ohren oder an deinem braunen Fell etwas auszusetzen haben. Du bist eben, wer du bist.“

„Mich stört es aber, und das zählt“, sagte Erpf und hoppelte auch schon davon.

Professor Schmudsiglich

Sie waren noch gar nicht lange unterwegs, da gelangten sie an eine große Wiese. Dort stand eine riesige Linde mit einem dicken Stamm.

„Das ist die Pummelige Linde", erklärte Erpf, als sie sich dem Baum näherten. Jetzt sahen sie im Geäst einen Mann mit einem jungenhaften Gesicht.

„Ich wünsche Ihnen einen schönen Tag, Herr Professor Schmudsiglich!“ grüßte der Hase. Der Mann legte jedoch einen Zeigefinger an seine Lippen. „Pssst“, mahnte er. Da hörten sie die Blätter der Linde im leichten Wind lispeln. Das klang so, als ob der Baum mit Zähnen an Lippen stoßen würde. „Ththth, Ththth.“ Doch die Linde hatte natürlich weder Zähne noch Lippen.

Nachdem sie einige Zeit zugehört hatten, wandte sich der Professor an sie. „Dieses Lispeln ist einzigartig“, schwärmte er salbungsvoll.

„Ich weiß wovon ich rede, denn ich habe viele Jahre an den Universitäten Bonbon und Lollipop Sprachwissenschaften gelehrt."

Natürlich wussten die Freunde nicht, was eine Universität ist und von Wissenschaft hatten sie auch noch nichts gehört. Sie wollten aber den Professor nicht mit Fragen belästigen.

Die Begeisterung für den Baum hatte Schmudsiglichs große, braune Augen aufleuchten lassen. „Fred", sagte er zu sich selbst, „vielleicht solltest du doch noch Dendrologe werden."

„Was ist denn ein Dendrologe?" warf Eschelju ein, dem das Getue um den Baum nun doch zu viel geworden war. Professor Schmudsiglich schien erst jetzt wirklich aufzufallen, dass er Besuch hatte. „Ein Dendrologe ist ein Baumforscher", antwortete er. „Ich bewundere nämlich Bäume. Sie sind schön und ihre Sprache ist wie Gesang. Zudem sind sie feinsinnig und einfühlsam. Sie trauen allerdings nicht den Worten, sondern nur den Gefühlen."

Als der Professor so gesprochen hatte, strich er behutsam über den Ast, auf dem er saß. Dabei fiel eine Haarsträhne in sein Gesicht. Sofort zog er einen Kamm aus seiner

Hosentasche und frisierte damit die Haare an ihren ordnungsgemäßen Platz. Dann kletterte er von seinem Ast.

Eschelju deutete nun auf einen Regenschirm im Geäst der Linde. „Was ist denn das?“

„Das ist mein Regenschirm“, erklärte Schmudsiglich. „Bei Regen schützt er meine Frisur. Ich verwende ihn allerdings immer, wenn ich unterwegs bin. Auch wenn die Sonne scheint. Der Schirm ist nämlich innen mit Blättern verziert. So habe ich das Gefühl, dass ich mich unter einer Baumkrone befinde, sobald ich ihn aufspanne.“

Nun richtete sich der Professor kerzengerade auf, stemmte die Hände in die Seiten und atmete bei geschlossenem Mund durch die Nase. Als er sich so entspannt hatte, legte er die rechte Hand an die Brust und verneigte sich. „Gestatten, Professor Schmudsiglich“, sagte er, „womit kann ich dienen?“

Da stellten sich die Freunde der Reihe nach bei ihm vor. Der Professor aber ergänzte stets: „Schön sprechen, bitte, immer schön sprechen“, wobei er das Wort „immer“ besonders betonte.

Schmudsiglichs Befund

Erpf wurde als letzter vorstellig. Er war etwas aufgeregt. „Einen schönen guten Tag, Herr Erpf Erdfell“, sagte Professor Schmudsiglich. „Haben Sie sprachliche Fortschritte gemacht?“

„Leider nicht. Darum bin ich auch gekommen. Obwohl ich täglich Stimmübungen durchführe, ist bisher keine Besserung eingetreten, Herr Professor Schnudsiglich.“

„S c h m u d s i g l i c h“, verbesserte der Professor. Erpf wurde nervös. „Schmudignich.“ Der Professor schüttelte seinen Kopf. Dann legte er seine Hände in die Seiten und atmete bei geschlossenem Mund tief durch, um sich zu entspannen.

„Schon gut, schon gut, Herr Erpf Erdfell, ich sehe, Sie bemühen sich sehr. Ich werde Sie heute etwas näher untersuchen. Bitte öffnen Sie den Mund weit und sagen Sie laut ‚Ahhhhh‘.“ Erpf folgte gehorsam.

Der Professor bückte sich und blickte zunächst interessiert in den Mund des Hasen, danach in dessen Gesicht. „Aha“, sagte er und richtete sich wieder auf. Erpf hatte immer noch seinen Mund weit offen und rief weiterhin brav: „Ahhhh!“

Da hob Schmudsiglich eine Hand und zeigte so dem Hasen, dass er jetzt damit aufhören konnte. „Es ist, wie ich bereits vermutet habe: Labium Leporinorum“, stellte der Professor fest, als der Hase schwieg. Das klang sehr dramatisch. „Muss ich jetzt sterben?“ fragte Erpf ängstlich. „Sie werden daran nicht sterben. Es ist nur so, dass ihre Oberlippe Y-förmig zu den Nasenlöchern hin gepalten ist. Ich habe jetzt zwei Nachrichten für Sie. Wollen Sie zuerst die gute oder die schlechte hören?“ Erpf begann zu zittern. „Die schlechte Nachricht bitte zuerst.“ Da straffte Professor Schmudsiglich seine Schultern. „Die schlechte Nachricht lautet, dass in diesem Fall nur eine Operation hilft.“

„Eine Operation!“ rief Erpf und zitterte noch mehr. Doch schon setzte Schmudsiglich fort: „Die gute Nachricht aber ist, dass die Kosten von der Krankenkasse übernommen werden. Sofern Sie krankenversichert sind.“ Nach diesen Worten strich sich der Professor mit der

Hand über das sorgfältig gescheitelte Haar. Forschend blickte er dem Hasen in die Augen. „Herr Erpf Erdfell, jetzt sagen Sie mir aber bitte, warum Sie das Näseln überhaupt stört. Wollen Sie Schauspieler, Radiosprecher, Fernsehansager oder Influencer werden?“ Erpf blickte erstaunt. „Ich weiß es nicht“, erwiderte er wahrheitsgemäß. Der Professor atmete tief durch. „Also, wenn Sie nicht wissen, warum Sie das stört, würde ich Ihnen raten, vor der Operation noch mit einem Psychologen zu sprechen. Zufälligerweise ist mein bester Freund Psychologe. Sein Name ist Mu Dsing, Doktor Mu Dsing. Ich kenne den Doktor aus der Zeit, als ich an der Universität Lollipop unterrichtete.“

Schmudsiglich ging nun zur Pummeligen Linde. Dort holte er ein rotes Büchlein aus dem Geäst. Darin hatte er alles notiert, was er auf keinen Fall vergessen durfte. So enthielt es auch einen Plan, in dem der Weg zu Doktor Mu Dsing eingezeichnet war.

„Da ich den Plan doppelt habe, schenke ich Ihnen dieses Exemplar“, sagte er und begann behutsam Millimeter für

Millimeter das Blatt aus den Spiralen zu lösen. Er wollte nämlich auf keinen Fall das Papier am Rand allzu sehr ausfransen. Das dauerte natürlich seine liebe Zeit, und Eschelju begann ungeduldig von einem Fuß auf den anderen zu treten. Schließlich hatte Schmudsiglich es aber geschafft. „Wem kann ich diesen Plan anvertrauen?" fragte er und blickte die Freunde forschend an. Da streckte ihm Eschelju die Hand hin, und der Professor übergab ihm das Blatt. Neugierig betrachtete der Junge den Plan. „Doktor Mu Dsing wohnt ja in der Nähe von Leni", meinte er. „Da könnte Erpf gleich auf dem Rückweg seinen Rat einholen."

„Halt, halt, nicht so eilig", warf Professor Schmudsiglich ein. „Sie müssen beachten, dass es zwei Möglichkeiten gibt, um von Leni zu Doktor Mu Dsing zu gelangen." Er tippte mit einem Zeigefinger auf die Landkarte. „Die eine Möglichkeit ist, wieder ins Tal abzusteigen und danach dem Weg oberhalb der Ortschaft zu folgen, bis man zur Brücke über den Klammbach gelangt. Nach der Brücke führt ein Waldweg zu seiner Wohnung hinauf."

Schmudsiglich zeichnete den Wegverlauf mit dem Zeigefinger nach.

Spinnenwald
Erpfs Baumstamm
Rotbarts Reich
Lenis Zirbenbaum
einzel-stehende Lärche
Klamm
Mu Dsings Felsen
Felder und Wiesen
pummelige Linde
Bauernhof
Dorf
Lenis Elternhaus
Murmelbach
Klamm-bach

„Die andere Möglichkeit ist jedoch kürzer“, sagte er und tippte wieder auf die Karte. „In diesem Fall müssen Sie in Richtung der einzelnstehenden Lärche gehen, die sich neben einem großen Felsen befindet. Dabei ist ein kleiner Bach zu überspringen. Danach kommen Sie zu einem großen Bach. Auch dieser Bach ist zu überqueren. Dann folgen Sie ihm abwärts durch eine Klamm. Nach der Klamm zweigt links ein Pfad ab, der in den Waldweg mündet, der zu Doktor Mu Dsing führt.“ Nach diesen Worten legte der Professor seine rechte Hand auf die Brust und verneigte sich. „Ich wünsche Ihnen eine gute Reise, und richten Sie bitte Doktor Mu Dsing einen schönen Gruß von mir aus.“

„Ich habe noch eine Frage“, warf Eschelju ein. „Wissen Sie vielleicht etwas über meine Eltern?“ Professor Schmudsiglich schüttelte seinen Kopf. „Leider nicht“, meinte er und kletterte auf seinen Ast in der Pummeligen Linde. Jetzt hörte man ihn tief durchatmen. „Welche Weite“, sagte er. Dann war es still. „Der Professor schläft“, erklärte Erpf, „wir wollen ihn nicht länger stören. Es ist ohnehin höchste Zeit, weiterzugehen.“ So entfernten sie sich.

„Du, Erpf“, sagte Eschelju. „Professor Schmudsiglich ist

ja ein Mensch. Können denn Menschen die Tiersprache?“

„Nur ganz wenige. Die meisten können sie nicht“, antwortete der Hase. „Wenn man von den fehlenden Flügeln absieht, hat Schmudsiglich eine gewisse Ähnlichkeit mit dir“, warf nun Regin ein. „Hm. Das ist mir auch aufgefallen“, sagte Eschelju. „Glaubst du, dass ich ein Mensch bin?“ Der kleine Fuchs musterte den Jungen gründlich. „Eigentlich“, sagte er bedächtig, „eigentlich habe ich dazu keine Meinung.“ Erpf blickte nachdenklich. „Ich weiß nicht. Normalerweise haben Menschen keine Flügel.“

„Vielleicht hat ja der Professor seine Flügel unter dem Gewand versteckt?“ meinte Eschelju. „Ich kann ja meine auch nach Belieben drinnen oder draußen tragen.“

„Nein“, entgegnete Erpf, „der Professor hat keine Flügel.“ Dann reimte der Hase vergnügt:

„Du bist kein Vogel, keine Kuh,
kein Fuchs und keine Maus bist du,
oder gar ein Krokodil,
wer dieses denkt, der weiß nicht viel,
du bist bestimmt kein Elefant,
das hätten wir gewiss erkannt.“

Eine seltsame Begegnung

„Genug gerätselt und gereimt“, sagte Erpf. „Liebe Willibalda, flieg‘ nun bitte mit deinen Schwestern voran. Ihr kennt ja den Weg zu Leni.“

So übernahmen also die Spatzen fröhlich tschilpend die Führung. Zunächst ging es über die Wiese zu einem breiten Feldweg. Da mahnte Willibalda alle, still zu sein, und sie riet den Freunden, anstelle des Weges den verbuschten Feldrain zu benutzen. „Ganz in der Nähe befindet sich das Dorf“, sagte sie, „dort wohnen viele Menschen. Darum ist größte Vorsicht geboten. Bei den Menschen kann man letztlich nie wissen, ob es sich um eine freundliche oder um eine unfreundliche Sorte handelt.“

Vorsichtig liefen und flogen die Gefährten weiter. Da raschelte es plötzlich im Gebüsch, und sie sahen, wie sich die Zweige heftig bewegten. Erschrocken hielten sie an. „Das muss ein großes Tier sein“, sagte Dienmut und schwirrte sofort in Escheljus Haare. „Nichts wie weg!“ rief wiederum Erpf, und Regin zeigte seine Zähne. Eschelju jedoch bückte sich und hob einen dicken Stock auf. Damit wollte er sich und seine Gefährten verteidigen.

Da tauchte ein roter Haarschopf aus dem Blätterwerk auf. „Silentium", sagte eine verärgerte Stimme, „ich muss mich konzentrieren." Dann verschwand der Haarschopf wieder. „Das ist bizarr", sagte Eschelju zu Erpf. „Ist das eine eigene Menschensorte?" Bevor aber der Hase antworten konnte, tönte es aus dem Gebüsch: „Eam habeo!"

Danach richtete sich der Rotschopf zu seiner vollen Länge auf. Der Mann war wirklich sehr groß gewachsen. Er trug einen braunen Rollkragenpullover und eine kurze, grün karierte Hose. Aus dieser ragten zwei dünne Beine. Sein Gesicht war mit Sommersprossen übersät, und auf seiner Nase saß eine dicke Brille.

„Salve!" rief er nun und hielt Eschelju ein Blatt hin, auf dem ein winziges Tier saß. „Veni, vidi, vici! Vide! Ixodes crure ligneo! Noli eam tangere!" Eschelju verstand gar nichts und blickte verdutzt. „Du verstehst wohl nicht Latein!" sagte der Mann sichtlich ungehalten. „Der Satz „Noli eam tangere" bedeutet „Berühre sie nicht". Dieses Tier ist nämlich gefährlich."

„Das ist doch nur eine Zecke", bemerkte Eschelju. „Zecken sind Blutsauger", stellte der Rotschopf fest. „Sie suchen nach geeigneten Stellen und stechen dann zu." Da krabbelte das winzige Tier tatsächlich auf seine Hand und begann sichtlich mit der Suche. „Quod erat demonstrandum. Was zu beweisen war", sagte der Mann und streifte das Krabbeltier mit der anderen Hand in einen Beutel. „Also, ich habe schon viele Zecken gehabt, aber das bisschen Blut, das die saugen, geht mir nicht ab", meinte Eschelju. Der Rotschopf blickte ihn streng über seine Brille hinweg an. „Du hast keine Ahnung von irgendetwas. Zecken können gefährliche Krankheiten übertragen. Ich gebe dir den Rat, Zecken so früh wie möglich zu entfernen. Denn je länger die Tiere saugen, desto eher kannst du krank werden." Nach diesen Worten musterte der Rotschopf Eschelju. „Ich muss schon sagen, dass du reichlich ungebildet bist. Du weißt praktisch nichts über Zecken, und Latein kannst du auch nicht. Dabei hat man Latein früher fast auf der ganzen Welt gesprochen."

„Worüber redet ihr denn?" wollte jetzt Erpf wissen, der ja die Menschensprache nicht verstand. Eschelju übersetzte dem Hasen, worüber sie gesprochen hatten. „Frag' den Rotschopf, ob das mit dem Lateinsprechen war, als mein Papa noch jung war", sagte Erpf.

Eschelju übersetzte die Frage des Hasen. „Nein, das war viel früher“, antwortete der Gefragte. „Dennoch ist es sehr bedauerlich, dass Latein vergessen worden ist und gemeinhin für eine tote Sprache gehalten wird.“ Der Mann hielt kurz inne und lachte bitter. „Dabei kann man eine Sprache doch nur dann tot nennen, wenn es niemanden gibt, der sie als seine Muttersprache spricht. Meine Mutter aber hat Latein gesprochen, und auch ich spreche Latein. Also bin ich, Nico von Tässchen, der lebendige Beweis dafür, dass Latein keine tote Sprache ist.“

„Ah, Sie sind also der berühmte Zeckenforscher!“ rief Eschelju. „Ja“, antwortete der Rotschopf stolz, „genau der bin ich, und du bist heute bei einem weiteren Höhepunkt meiner Forschung dabei. Ich habe nämlich ixodes cum crure ligneo entdeckt. Schau.“ Nico von Tässchen fischte nun die Zecke noch einmal aus dem Beutel. Dann nahm er eine große Lupe. Er hielt sie über das Krabbeltier und ließ Eschelju durch das Glas blicken. Da erkannte Eschelju, dass die Zecke einen rotbraunen Rücken und einen schwarzen Kopf mit kleinen Augen hatte.

„Die sieht ja wie eine Spinne aus“, sagte Eschelju, als er

die acht Beine des Tieres bemerkte. „Zecken sind auch Spinnentiere“, erwiderte Nico von Tässchen. „Fällt dir noch etwas auf?“

„Sie hat ein seltsames Bein.“ Nico von Tässchen nickte zufrieden. „Gut beobachtet. Es sieht wie ein Holzbein aus. Darum habe ich dieses Tier auch ixodes crure ligneo, die Zecke mit dem hölzernen Bein, genannt. Übersetze das auch gleich der langohrigen Banause.“ Dann blickte er nachdenklich auf das Tier. „Schon eigenartig, dass ixodes deformis und ixodes crure ligneo besondere Beineigenschaften haben“, bemerkte er. „Ich denke, dies wird mein neues Forschungsprojekt. Übrigens habe ich auch entdeckt, was Zecken besonders glücklich macht.“

„Und das wäre?“ fragte Eschelju. „Blut trinken“, antwortete Nico von Tässchen. „Welche Überraschung“, meinte Eschelju grinsend. „Das hätte ich nicht gedacht.“ Nico von Tässchen aber neigte jetzt den Kopf. „Es war interessant, deine Bekanntschaft zu machen. Doch jetzt entschuldige mich bitte, ich muss mich wieder meinen Forschungen widmen.“ Dann rief er: „Vale!“ und verschwand im Gebüsch.

Tabula latina

Hier ist eine Liste der lateinischen Wörter und Redewendungen, die Nico von Tässchen verwendet hat, und was sie bedeuten.

Silentium! .... Ruhe!
eam habeo .... ich habe sie
Salve! .... Sei gegrüßt!
veni, vidi, vici .... ich kam, sah und siegte
Vide! .... Schau!
(cum) crure ligneo .... mit hölzernem Bein
Noli eam tangere! .... Berühre sie nicht!
quod erat demonstrandum ... was zu zeigen war
Vale! .... Lebe wohl!

Bei den Scheckentieren

Mittlerweile hatte die Sonne ihren höchsten Stand erreicht, und Willibalda mahnte zur Eile. Immer wieder war in der Ferne Bellen zu hören, und Regin bewegte aufmerksam die Ohren.

„Das sind nur Hunde“, beruhigte ihn Willibalda. „Sie wohnen bei den Menschen im Dorf. Wir gehen aber nicht ins Dorf. Leni wohnt ja oben am Berg, und wir zweigen hier ab.“

„Was sind denn das für große Tiere?“ staunte Eschelju und deutete auf die Wiese. „Meinst du die Scheckentiere? Das sind Kühe“, erwiderte Willibalda, „und wir müssen mitten durch die Weide.“ Als Eschelju die großen Hörner sah, wurde ihm etwas mulmig zumute. Willibalda merkte es. „Mach‘ dir keine Sorgen. Kühe sind normalerweise friedliche Tiere, jedenfalls solange man sie nicht belästigt.“

Regin grinste. „Na ja, ein bisschen Gutentagsagen wird schon erlaubt sein“, bemerkte er schelmisch. „Wenn du möchtest, dass unser Tag gut bleibt, dann unterlasse es lieber“, gab Willibalda zurück.

„Bim, bim, bim, bam, bam, bam“, tönte es von den Kühen her. „Die haben aber seltsame Stimmen“, bemerkte Eschelju. Willibalda lachte. „Das sind nicht ihre Stimmen, sondern die Glocken an ihrem Hals.“ Eschelju runzelte die Stirn. „Und wozu sollen die gut sein?“

„Sie helfen den Bauern, die Kühe wiederzufinden.

Manchmal verlaufen sich die Tiere nämlich, vor allem wenn es Nebel oder Gewitter gibt."

Nun gingen sie an den Kühen vorbei. Diese kümmerten sich allerdings gar nicht viel um die kleine Reisegesellschaft. Nur hin und wieder hob eine den Kopf, blickte sie an und graste dann friedlich weiter.

Eschelju war von den langen Wimpern und den ausdrucksvollen Augen dieser Tiere beeindruckt. „Hast du gesehen, wie schön ihre Augen sind?" sagte er zu Erpf. „Ich habe jetzt wirklich andere Sorgen", meinte dieser. Erpf war eben vorsichtig und wollte zügig an den Kühen vorbeihoppeln.

Schließlich verließen sie die Kuhweide wieder. Regin konnte es sich jedoch nicht verkneifen, die Kühe zuvor noch anzuknurren. Sofort senkte eine von ihnen verärgert den Kopf und scharrte mit einem ihrer Vorderhufe. Ui, da lief der kleine Fuchs hurtig davon.

Es wird anstrengend

Sie waren noch nicht lange unterwegs, als, zwischen Obstbäumen versteckt, Häuser auftauchten.

„Was sind denn das für seltsame Dinge?“ fragte Eschelju. „Das ist das Dorf. Und die seltsamen Dinge sind

Häuser“, erklärte Willibalda und bog zu einem Pfad ab, der vom Dorf wegführte. Diesem folgten sie nun steil bergan. Dunkle Waldstücke wechselten sich jetzt mit steilen Wiesenhängen ab, und Bächlein sprangen immer wieder glucksend vor ihre Füße.

Einmal mussten sie eine Holzbrücke benutzen, die über einen reißenden Bach führte. Eschelju blieb auf der Brücke stehen. Er beugte sich über das Geländer und beobachtete begeistert das schnell dahinströmende Wasser.

„Weiter geht's", drängten jedoch die Spatzenschwestern ungeduldig, „es ist schon spät." So setzten sie ihren Weg fort.

Von dem steilen Anstieg wurden sie ganz schön müde, und Dienmut rastete immer wieder auf einer Blume, um sich mit Nektar zu stärken. Schließlich setzte sie sich in Escheljus Haare. „Wie lange dauert es denn noch?" quengelte sie missmutig. „Mir tun schon die Flügel weh. Ist es denn wirklich notwendig, sich so zu plagen, nur um irgendein Mädchen zu besuchen?" Erpf bewegte ungehalten seine Schnurrhaare. „Ich glaube, es kommt ein Gewitter", meinte er. „Warum soll ein Gewitter kommen?" wollte Eschelju wissen. „Darum", sagte der Hase. „Insekten sind oft lästig, bevor ein Gewitter kommt." Regin lachte. „Dann ist aber immer ein Gewitter im Kommen."

„Du bist so gemein!" schimpfte Dienmut auf ihn hinunter. „Bin ich nicht", entgegnete der kleine Fuchs, „ich spreche nur von Tatsachen."

„Bist du doch, bist du doch!" zeterte das Taubenschwänzchen. „Hört endlich mit dem Unsinn auf", ärgerte sich Willibalda, „wir sind bald da. Demnächst gelangen wir zu einem Bankerl. Dort zweigen wir nach rechts ab." Eschelju blickte die Spatzen staunend an. „Was ist denn ein Bankerl?" Willibalda dachte kurz nach. „Ein Bankerl besteht aus Holzbrettern, auf denen die Menschen sitzen."

„Und warum setzen sich die Menschen nicht einfach ins Gras oder auf einen Ast?"

„Hm. Das ist eine gute Frage", meinte Willibalda. „Ich weiß es nicht. Aber ich bin ja auch kein Mensch." Eschelju runzelte nachdenklich die Stirn. „Das ist bizarr."

Wenige Minuten später kamen sie tatsächlich zu dem Bankerl. Eschelju setzte sich darauf, um auszuprobieren, wie sich das anfühlte. Er lehnte sich zurück und ließ fröhlich die Füße hin- und herbaumeln. Dabei genoss er den Ausblick, denn das Dorf und die Berge ringsum waren zu sehen. „Jetzt haben wir aber wirklich keine Zeit mehr zu rasten", sagte Willibalda ungehalten. Eschelju schmunzelte. „Ich raste nicht", entgegnete er, „ich teste." Da das Sitzen auf der Bank jedoch ohnehin nicht gemütlicher war als das Sitzen im Gras, rutschte Eschelju schließlich wieder hinab und folgte seinen Freunden.

Ein Gewitter zieht auf

Bald darauf kamen sie auf die Almwiese, und der Weg begann sich immer mehr im hohen Gras zu verlieren. Mitten auf der Wiese aber sahen sie einen großen Zirbenbaum. Aus den Steinen neben diesem Baum stieg Rauch auf. „Der Baum fängt gerade zu brennen an!“ rief Eschelju erschrocken. „Nein“, erwiderte Willibalda, „Leni kocht wahrscheinlich gerade.“

„Kochen? Was ist das?“

„Das wird dir Leni dann sicher zeigen", antwortete Willibalda und flog mit ihren Schwestern voran.

Als ihre Gefährten nachkamen, saßen die Spatzenschwestern bereits in den Zweigen des Baumes.

Ein seltsames Ding baumelte an einem der Äste. Als sie es näher betrachteten, sahen sie darin einen, der aussah wie Eschelju, einen kleinen Fuchs, einen Hasen und ein

Taubenschwänzchen.

„Ah, das ist ja wie beim Spiegelteich“, bemerkte Eschelju. „Genau“, sagte Willibalda, „das ist auch ein Spiegel.“

Dann flog sie von ihrem Zweig hinunter und klopfte mit dem Schnabel auf den Stamm der Zirbe. Sofort war ein hohes Bellen zu vernehmen. „Das ist Daisy, Lenis Chihuahua“, erklärte Willibalda.

Nach einer Weile sprang ein Rindenstück wie ein Türchen auf, und ein hübsches Mädchen schaute heraus. Es hatte ein herzförmiges Gesicht und lange, blonde Zöpfe.

„Einen schönen Nachmittag wünschen wir dir, Leni“, tschilpten die Spatzenschwestern. „Ich wünsche euch auch einen schönen Nachmittag“, grüßte Leni. Als Eschelju Lenis Stimme vernahm, wunderte er sich sehr, denn er hatte sie schon einmal in einem Traum gehört.

Leni blickte nun mit ihren großen, blauen Augen neugierig auf den Jungen. „Ah, du bist Eschelju. Die Spatzenschwestern haben mir schon erzählt, dass du kommst. Doch wer sind der Hase, der Fuchs und das Taubenschwänzchen?"

„Das sind meine Freunde."

„Freut mich sehr, euch kennenzulernen", sagte Leni zu den Tieren. „Aber jetzt kommt in den Baum. Es entsteht nämlich bald ein Gewitter." Leni wies mit dem Zeigefinger auf die großen, bauschigen Wolken über den Bergen.

„Beim Fliegenpilz, ich hatte Recht", sagte Erpf und warf dabei einen belustigten Blick auf Dienmut. „Insekten werden lästig, bevor ein Gewitter kommt."

„Papperlapapp", maulte das Taubenschwänzchen zurück. Regin wiederum blickte fasziniert auf die Wolkengebilde. „Das wird doch kein Gewitter", widersprach er. „Diese Wolken sind hell, und Gewitterwolken sind dunkel." Leni blickte ihn freundlich an. „Ich habe schon einige Zeit hier in den Bergen verbracht", erwiderte sie. „Du kannst mir also vertrauen. Noch erscheinen die Wolken hell und harmlos, weil die Sonne darauf scheint, doch bald werden sie sich vor die Sonne schieben und dunkel sein."

Da flogen Dienmut und die Spatzen sofort zu Leni in den

Baum. Regin aber hörte nicht auf Leni. Er setzte sich ins Gras, und Eschelju und Erpf gesellten sich zu ihm. Das war zwar nicht besonders höflich, doch man ist ja nicht jeden Tag in den Bergen und bekommt ein derart interessantes Schauspiel zu sehen. Begeistert beobachteten sie, wie manche Wolken riesigen Gesichtern glichen und andere monströsen Tieren. Die Freunde konnten sich gar nicht satt sehen und achteten nicht darauf, dass sich die Wolken allmählich vor die Sonne schoben. Jetzt sahen sie dunkel aus, und aus der Ferne war immer wieder leises Donnergrollen zu vernehmen. Da verschwanden die hinteren Berge in einem weißen Schleier, der sich rasch näherte. „Schaut. Dort wird es schon wieder heller“, bemerkte Eschelju. „Vielleicht kommt doch kein Gewitter.“

„Wo es heller wird fallen Regen und Hagel“, erklärte Erpf. Wir müssen uns in Sicherheit bringen.

„Kommt endlich in den Baum!“ rief jetzt Leni.

Da fuhr ein gewaltiger Blitz in einen der Bergrücken. „Bah, das ist ja nichts!“ kommentierte Regin verächtlich. Kaum hatte er das gesagt, als auch schon ein lautes Krachen zu vernehmen war. Jetzt erschrak der kleine

Fuchs sehr. Mit wenigen Sätzen war er beim Zirbenbaum und sprang hinein.

Erpf zögerte noch. „Beim Fliegenpilz! Es ist doch gefährlich, bei einem einzelnstehenden Baum vor einem Gewitter Schutz zu suchen."

„Stimmt", sagte Leni, „Diese Zirbe ist allerdings kein gewöhnlicher Baum. In der Höhle unter dem Baum sind wir sicher." Da raffte sich Erpf auf, setzte zu einem gewaltigen Sprung an und war auch schon in der

Baumöffnung verschwunden. Nachdem nun alle Freunde im Baum waren, kletterte Eschelju als Letzter hinein.

Leni erzählt

Unter dem alten Zirbenbaum

E, y lyra sa Veyuni,

na hoven oknis.

Leni nahm eine Laterne und führte Eschelju und seine Freunde durch einen schmalen Gang, der sich spiralförmig nach unten wand. Schließlich öffnete sie eine Holztüre. „Hereinspaziert", sagte sie, und gleich darauf traten sie in eine geräumige Höhle. Leni hängte die Laterne zu den anderen Laternen an der Wand.

Da kam ein rehbraunes Hündchen herbeigelaufen. „Ich mag keine Hunde", knurrte Erpf und wich zurück. „Daisy ist aber ein sehr lieber Hund", sagte Leni. „Schau, sie hat sogar ein Geschenk." Tatsächlich brachte nun Daisy ein buntes Bällchen.

„Und was soll ich mit dem Ding?" brummte Erpf. „Spielen", antwortete Leni. „In meinem Alter spielt man nicht mehr", meinte der Hase. „In meinem Alter aber schon!“ rief Regin und tollte auch schon mit Daisy hinter dem Ball her.

„Sag‘ mal, Leni. Weißt du vielleicht etwas über Eltern, die ihren Jungen suchen?“ fragte nun Eschelju. Das Mädchen schüttelte seinen Kopf. „Nein. Davon weiß ich nichts.“

„Schade. Ich habe sehr darauf gehofft.“

„Es tut mir leid, dass ich dir nicht weiterhelfen kann“, bedauerte Leni.

Jetzt wurde Eschelju von der Einrichtung der Höhle abgelenkt, und er sah sich interessiert um. „Früher war das eine Bärenhöhle“, erklärte Leni. „Der Bär hat es sich aber gemütlich eingerichtet“, bemerkte Eschelju. Leni lachte. „Diese Höhle hat natürlich nicht der Bär eingerichtet, sondern meine Oma.“

„Und wo ist deine Oma?“

„Das erzähle ich dir ein anderes Mal.“

„Aha“, sagte Eschelju. Dann begann er im Raum herumzugehen und all die vielen Dinge zu betrachten, die ihn umgaben. Er musterte die Regale mit verschiedensten Töpfen, Geschirr und Vorratsgläsern, die mit Gewand vollgestopfte Kommode, den Ofen, und vieles, vieles mehr. Da wurde Leni mit dem Erklären kaum fertig.

Der Junge betrachtete nun Lenis Bett und die Puppen und den Teddybären, die darauf saßen. Neugierig stupste er ein wenig den Stoffbären. „Was ist denn das für ein komisches Felltier? Das rührt sich ja überhaupt nicht."

„Eh nicht", erwiderte Leni. „Es ist ja nur ein Teddybär, ein Spielzeug." Eschelju stupste nun auch die Puppen ein wenig. „Die sind wohl auch nur Spielzeug." Leni nickte. „Genau. Es sind Ninni und Binni." Eschelju kratzte sich hinter dem Ohr. „Und wozu sind die alle gut?“

„Zum Spielen und zum Liebhaben.“

„Also, mit deinem Spielzeug wüsste ich wirklich nichts anzufangen“, meinte Eschelju, und Erpf, der gelangweilt herbeigehoppelt kam, kommentierte: „Wunderlich, diese Menschen.“

„Was ist denn das?“ fragte Eschelju und deutete auf eine Pendeluhr. „Das ist eine Uhr“, erklärte Leni. „Mit ihr wird der Tag in Stunden, Minuten und Sekunden eingeteilt.“

„Wozu soll denn das gut sein? Ich esse, wenn ich Hunger

habe, schlafe, wenn ich müde bin und spiele, wenn ich spielen will." Leni blickte ihn nachdenklich an. „Na ja, so kann man es auch betrachten."

Da war ein leises Tok-Tok zu vernehmen. Ein Türchen in der Uhr sprang auf, und ein Rotkehlchen kam zum Vorschein. Sofort stimmte es einen lieblichen Gesang an. „Ah, Robin", sagte Leni zu dem kleinen Vogel. „Ich sehe, es ist schon wieder eine Stunde vergangen." Danach reichte sie dem Vogel ein Schälchen mit Körnern. Dieser pickte es mit sichtlichem Genuss leer und verschwand dann wieder in der Uhr. „Wohnen denn in allen Uhren Rotkehlchen?“ staunte Eschelju. „Es gibt auch Uhren, in denen ein Kuckuck wohnt“, antwortete Leni, „allerdings kein lebendiger, sondern einer aus Holz. Normalerweise sind Uhren jedoch unbewohnt.“

Eschelju zeigte jetzt auf einen himmelblauen Spiegel. „Genau so einer hing auch draußen“, stellte er fest. „Stimmt. Das sind übrigens besondere Spiegel. Ich sehe von drinnen, was draußen ist, aber gleichzeitig sieht man von außen nur das eigene Spiegelbild.“

„Das ist wirklich großartig“, bemerkte Eschelju anerkennend und sah im Spiegel heftigen Regen niederprasseln.

Nun schob Eschelju einen himmelblauen Vorhang daneben zur Seite. Dahinter war aber nur eine Wand. „Was soll denn das?“ wunderte er sich. „Meine Oma hat diesen Vorhang hergehängt“, antwortete Leni, „sie hat mir erzählt, dass man durch diese Wand in ein anderes Land gelangt. Dort sollen Wesen leben, die wir hier nicht kennen und die vieles wissen, wovon wir keine Ahnung haben. Das Land heißt Enfantesar.“

„Enfantesar?“ staunte Eschelju. „Dieses Wort habe ich im Traum gehört. Aber nicht nur das. Im gleichen Traum habe ich auch deine Stimme vernommen, und die Spinnenkönigin hat ebenso etwas über dich und Enfantesar gesagt. Ist das nicht bizarr?“

„Das ist wirklich seltsam“, antwortete Leni. „Vielleicht sollen wir gemeinsam nach Enfantesar reisen. Eventuell bringen wir da etwas über deine Eltern in Erfahrung.“ Eschelju runzelte die Stirn. „Ich weiß nicht. Wahrscheinlich ist es besser, zuerst in unserem Land weiterzusuchen.“

Wie Leni und der Mondhase Freunde wurden

„Wir sind auch gekommen, um zu erfahren, was aus dem Mondhasen geworden ist", warf Erpf ein. „Ah, dann bist du also Erpf!" freute sich Leni. „Als ich deine Ohrenspitzen sah, habe ich mir das gleich gedacht. Der Mondhase hat mir nämlich erzählt, dass du auch so spitze Ohren hast wie er. Üblicherweise haben Hasen ja runde Ohren." Erpf nickte. „Genau, ich bin Erpf. Und es stimmt, dass ich kein üblicher Hase bin, sondern ein besonderer."

„Der Mondhase hat sehr viel von dir gesprochen", sagte Leni. Erpf war erstaunt. „Hat er das?" Leni nickte. „Ja, und ich werde euch gleich erzählen, was ich sonst noch von ihm weiß. Zuvor gibt es aber noch etwas zu essen."

Nach diesen Worten servierte Leni den Spatzenschwestern verschiedenste Körner, Erpf eine süße Rübe und Regin und Daisy Äpfel. „Eine saftige Ente wäre mir lieber gewesen", murrte Regin unzufrieden. „Ich weiß, aber ich jage nun einmal keine Enten", meinte Leni und stellte für Eschelju eine große Schüssel mit duftenden Buchteln auf den Tisch. Eschelju griff zuerst nur zögernd zu. Diese anfängliche Unsicherheit legte sich aber gleich nach dem ersten Bissen, und schließlich blieb keine einzige Buchtel übrig.

Nach dem Essen lud Leni die Freunde ein, es sich gemütlich zu machen. Sie selbst rückte einen Sessel an den warmen Herd und setzte sich. Dieser Sessel war rosarot mit einer hellblauen Sitzfläche. Rosarot und himmelblau sind nämlich Lenis Lieblingsfarben.

„So, jetzt werde ich euch vom Mondhasen erzählen", sagte Leni. „Was wisst ihr denn schon über ihn?"

„Wir wissen, dass der Mondhase mit der Fee Allerliebst auf die Erde kam, dass er auf einem Bauernhof gefangen und von Spatzen befreit wurde, und dass er Erpf kennenlernte", antwortete Eschelju. „Aha", sagte Leni, „das ist ja schon eine Menge. Dann werde ich euch jetzt berichten, wie wir Freunde wurden, und was weiter geschah."

An dieser Stelle unterbrach Erpf das Mädchen. „Bitte, sage mir als Erstes, warum mich der Mondhase versetzt hat." Leni sah den Hasen freundlich an. „Ich erinnerte ihn an Allerliebst. Darum wollte er mit mir zusammen sein."

„Und mich hat er dann nicht mehr lieb gehabt?" fragte Erpf betrübt. „Unsinn. Er hat dich ja trotzdem besucht." „Hm. Warum hat er mir denn so wenig von dir erzählt?"

„Vielleicht fand er das, was wir miteinander erlebt hatten, nicht besonders interessant für dich." Da richtete sich Erpf auf. „Für mich ist alles interessant, was mein Freund erlebt!" rief er beleidigt.

„Wir werden ja sehen“, entgegnete Leni und begann auch schon zu erzählen:

„Es war zu der Zeit, als ich noch mit Oma unten im Dorf wohnte. Ich ging gerade in der Nähe unseres Hauses spazieren.

Da hörte ich jemanden ‚Allerliebst!‘ rufen. Unwillkürlich drehte ich mich um und sah einen kleinen, weißen Hasen auf mich zuhoppeln. Plötzlich schlug dieser einen Haken und lief davon. Am nächsten Tag war er jedoch wieder zurück und kam von da an täglich vorbei.

Er beobachtete mich, wenn ich Blumen goss, und er sah mir beim Spielen und Spazierengehen zu.

Eines Tages schlüpfte er unter dem Gartenzaun hindurch, hoppelte an den Ribiselsträuchern vorbei und sprang auf das Fensterbrett meines Kinderzimmers.

Am nächsten Tag hüpfte er dann vom Fensterbrett in das Zimmer und hoppelte ein wenig auf mich zu. Auch an den darauffolgenden Tagen besuchte er mich. Dabei kam der kleine Hase immer näher und war mir schließlich so nahegekommen, dass ich ihn streicheln konnte.

So wurden der Mondhase und ich Freunde."

Eine wissenschaftlich unhaltbare Geschichte

Leni stand jetzt auf, um Holzscheite in den Ofen zu legen. Eschelju blickte besorgt. „Ist das Feuer hier nicht gefährlich?“ wollte er wissen. „Natürlich ist Feuer gefährlich", erklärte Leni, „aber es gibt nichts Brennbares in der Nähe, und der Rauch zieht durch einen Schacht ab. Den Ofen hat jedenfalls jemand gebaut, der sich gut damit auskennt."

„Das beruhigt mich", sagte Eschelju. „Übrigens. Den Rauch haben wir gesehen, als wir gekommen sind."

„Genau", bestätigte Leni, „aber lass mich jetzt weitererzählen. Der Mondhase und ich waren nun so oft wie möglich zusammen. Eines Tages ging er mit mir sogar in die Schule." Eschelju schaute neugierig. „Schule? Was ist denn das?"

„In einer Schule bereitet man Kinder auf das Leben vor," entgegnete Leni. Eschelju nickte zufrieden. Darunter konnte er sich etwas vorstellen. „Ah ja", sagte er, „ihr lernt, wie man im Wald und auf der Wiese überleben kann, welche Früchte und Pilze essbar sind und welche nicht. Habt ihr dort auch Hasen und Schmetterlinge, die euch das beibringen?" Leni lächelte. „Nein, unsere Lehrer sind Menschen und sie lernen uns Buchstaben aneinanderzureihen und zu lesen, Zahlen aufzuschreiben und mit ihnen zu rechnen." Darunter konnte sich Eschelju nichts vorstellen. „Und wozu braucht man das alles?“ Leni dachte kurz nach. „Das kann ich jetzt nicht so schnell erklären“, meinte sie dann und berichtete auch schon weiter:

„Einmal erzählte ich den anderen Kindern vom Mondhasen. Darum wollten sie ihn auch sehen. Der Mondhase war für sie allerdings unsichtbar. So hielten ihn alle für eine Erfindung. In der Schulpause spotteten sie mich aus, deuteten mit ihren Fingern Hasenohren auf ihren Köpfen an und riefen: ‚Ich bin der Mondhase, fange mich!‘

Ein einziges Mädchen machte dabei nicht mit. Es war

meine Freundin Vroneli. Sie las gerade in einem Pferdebuch. So wie ich, interessiert sich nämlich auch Vroneli für Pferde.

Vroneli blickte kurz auf. ‚Lasst sie doch in Ruhe', sagte sie zu den anderen. Vroneli ist überhaupt ein nettes Mädchen und obendrein sehr gescheit. Sie war immer die Klassenbeste und half mir oft bei den Hausaufgaben.

Jetzt kam die Lehrerin in die Klasse. ‚Was ist denn da für ein Aufruhr', schimpfte sie. Alle außer Vroneli zeigten lachend mit dem Finger auf mich. ‚Leni hat einen weißen Hasen mit!' rief eines der Mädchen.

‚Das finde ich gar nicht lustig', sagte die Lehrerin. ‚In der Schule sind Hasen verboten. Da hätte ich gerne mehr darüber erfahren.' Sie sah mich streng an."

„Beim Fliegenpilz!" unterbrach Erpf. „Warum sind denn in der Schule Hasen verboten? Was ist das für ein Unsinn!" Leni seufzte. „Das kann ich dir auch nicht sagen, aber hört jetzt weiter zu. So erzählte ich also der Lehrerin vom Mondhasen. Als ich aber geendet hatte, hob die Lehrerin mahnend ihren Zeigefinger. ‚Leni, so etwas Dummes habe ich noch nie gehört', sagte sie mit ernster Miene. ‚Es gibt keinen Mondhasen. Das ist eine wissenschaftlich unhaltbare Geschichte. Beschäftige dich lieber mehr mit dem Rechnen. Dann kommst du nicht auf so dumme Gedanken und rechnen kannst du dann auch besser.'

Als ich von der Schule nach Hause kam, schüttete ich Oma mein Herz aus. ‚Ich hasse die Schule', sagte ich. ‚Die Lehrerin ist gemein und die Kinder sind es auch. Sie finden immer irgendeinen Grund, sich über mich lustig zu machen. Ich gehe nie wieder in die Schule. Nie wieder.' Oma nahm mich in den Arm. ‚Geh Leni, du weißt doch selbst, dass das nicht geht. Außerdem lernt man in der Schule auch Dinge, die recht nützlich sind, Lesen und Schreiben zum Beispiel.'

‚Lesen und schreiben kann ich schon', gab ich trotzig zurück. ‚Ich fürchte mich vor der Schule. Ich kann nicht rechnen und verstehe nicht, was die anderen leicht verstehen, ich verwechsle rechts und links, und wenn mir jemand etwas erklären will, dann habe ich so viel Angst, es nicht zu verstehen, dass in meinem Kopf erst recht alles durcheinanderkommt.' Oma seufzte ein wenig. ,Leni, ich weiß schon, du hast es recht schwer. Aber glaube mir, du bist ein ganz besonderes Mädchen. Du verstehst die Tiere, und du hast auch sonst viele Fähigkeiten, die andere nicht haben. Ich werde mit dir mehr rechnen üben. Wir machen ganz einfach ein Spiel daraus.'

,Die Kinder werden mich trotzdem auslachen.'

,Du bist eben anders als sie', meinte Oma. ,Aber schau, du hast doch Vroneli. Sie hält zu dir. Und du hast den Mondhasen. Es ist auch nicht wichtig, ob ihn andere sehen oder nicht. Er ist dein Freund. Das zählt.'

Da umarmte ich Oma. ,Vor allem aber habe ich dich', sagte ich."

Die Tratschgeschichten stimmen

Eschelju hatte Leni sehr aufmerksam zugehört. Jetzt schüttelte er den Kopf. „Manche Menschen sind ganz schön unsympathische Tiere, muss ich sagen."

Leni schaute ein wenig nachdenklich. „Da hast du recht",

meinte sie. „Aber jetzt genug von der Schule. Lasst euch nun weiter vom Mondhasen erzählen. Also, es kam so, dass sich der Mondhase immer mehr nach der Fee Allerliebst sehnte. ‚Wer einen Mondregenbogen sieht, wird den Verlorengegangenen wiederfinden', sagte er. So saßen wir oft nachts auf dem Fensterbrett, blickten hinaus und hofften, einen Mondregenbogen zu sehen. Doch nichts dergleichen geschah.

Dann kam jener Tag, den ich niemals vergessen werde. Es regnete, und wir waren in der gemütlichen Stube geblieben. Dort spielten wir mit meinen Puppenkindern Papa-Mama-Kind. Zunächst war der Mondhase der Papa und ich die Mama." In diesem Augenblick war lautes Schnarchen zu hören. Erpf war eingeschlafen. Da musste Leni lachen, und der Hase erwachte. „Wie man hören kann, ist für dich alles interessant, was dein Freund erlebt", bemerkte Leni. „Ich habe nicht geschlafen, sondern mich konzentriert", erwiderte Erpf verlegen. „Na ja", sagte Leni, erzählte aber gleich weiter. „In einem anderen Spiel war Papa verreist, und der Mondhase war das Kind. Er ließ sich bürsten und sogar in den Puppenwagen legen und zudecken, obwohl er gar nicht müde war und auch nicht fror.

Dabei blickten seine rubinroten Augen immerzu geduldig auf mich. Er sammelte nämlich alles in seinem Herzen, um einmal der Fee Allerliebst Lenigeschichten erzählen zu können. So war es Abend geworden. ‚Leni, das Nachtmahl ist fertig!‘ rief meine Oma. Ich nahm also den Mondhasen in den Arm und ging mit ihm in die Küche. Dort setzte ich mich auf die Eckbank hinter dem großen Tisch. Während ich warmen Kakao trank und ein Honigbrot aß, nagte der Hase genüsslich an einer Karotte.

Bei der anschließenden Reinigungszeremonie war der Mondhase allerdings nicht dabei. So viel Nässe war ihm zu viel. Daher hoppelte er gleich in mein Zimmer und wartete auf dem Fenstersims, bis ich frisch gewaschen und gebürstet zurückkam. Ich rückte einen Sessel zum

Fenster und kletterte zu ihm. Von dort aus blickten wir in den dunklen, regennassen Garten.

Da tat sich eine Lücke in der Wolkendecke auf, und der Mond kam zum Vorschein. Gleichzeitig erschien am Himmel ein zarter Lichtbogen. Zuerst konnten wir beide kein Wort über die Lippen bringen, dann aber sprach der Mondhase mit ehrfurchtsvoller Stimme:

‚Das ist ein Mondregenbogen. Wer jemanden verloren hat und den Mondregenbogen sieht, der wird den Verlorengeglaubten wiederfinden.'

Plötzlich war ein fröhliches Zwitschern zu hören, und durch den Regenbogen kam ein kleiner, hellbrauner Vogel geflogen. Er steuerte geradewegs auf den Mondhasen und mich zu und setzte sich zu uns auf das Fensterbrett.

Dann blickte er den Mondhasen und mich aus seinen großen, schwarzen Augen recht freundlich an. ‚So stimmen die Tratschgeschichten also doch, dass hier der Mondhase lebt', zwitscherte er erfreut. ‚Einen schönen guten Abend! Ich bin das Nachtvogerl. Die Fee Allerliebst sendet mich. Sie wartet auf dich, lieber Mondhase. Komm mit mir. Ich zeige dir den Weg.'

‚Liebe Leni, nun ist es so weit', sagte der Mondhase. ‚Die Fee Allerliebst hat mich wieder gefunden. Die Erde ist schöner als der Mond, und noch viel schöner ist deine Freundschaft, aber ich vermisse Allerliebst so sehr und werde nun zu ihr zurückkehren. Es gibt bestimmt ein Wiedersehen. Bis dahin sind wir einander in den Geschichten und Erinnerungen, die wir teilen, nahe.'

Nach diesen Worten legte der Hase seinen Kopf in meine Hand, und ich fühlte noch einmal sein flauschiges Fell. ‚Wenn du meinem Freund Erpf begegnen solltest, sage ihm, dass ich ihn lieb habe', sprach er und blickte mich dabei treuherzig an. ‚Auf Wiedersehen!' rief er dann, schnellte mit einem Sprung hoch und war auch schon im Garten.

Da zwitscherte das Nachtvogerl einen fröhlichen Abschiedsgruß, spreizte seine Flügel und flog mitten in den Mondregenbogen hinein. Der Mondhase aber hoppelte vergnügt hinterher. ‚Auf Wiedersehen!' rief ich und folgte ihm mit meinen Blicken, bis er nicht mehr zu sehen war."

Erpf legte den Kopf auf seine Pfoten. „Wenn du einmal meinem Freund begegnen solltest, dann sage ihm, dass ich ihn lieb habe“, wiederholte er gerührt die Worte des Mondhasen.

Nachdem er das gesagt hatte, wurde es ganz still in der Höhle. Nur das Ticktackticktack der Uhr und das Prasseln der Holzscheite im Herd waren zu hören.

Ein Zuhause für Daisy

Es war Eschelju, der das Schweigen brach. „Ich finde es traurig, dass der Mondhase fortgegangen ist."

„Wie man es nimmt", meinte Leni. „Der Mondhase wollte doch bei seiner Fee sein. Er ist jetzt bestimmt glücklich. Außerdem ist es kein Abschied für immer. Das hat der Mondhase ja versprochen, und was der Mondhase verspricht, das hält er auch. Aber natürlich fehlte mir mein Freund sehr. ‚Ich habe eine Idee', sagte daher meine Oma eines Tages. ‚Wir nehmen einen Hund zu uns.'

‚Ich will keinen Hund ', entgegnete ich. ‚Kein Hund kann mir den Mondhasen ersetzen.'

‚Er soll ja auch nicht den Mondhasen ersetzen', erwiderte Oma, ‚sondern er soll dich wieder froh machen.'

‚Ohne den Mondhasen kann ich nicht mehr froh sein', gab ich zurück. Da seufzte Oma und sagte nichts mehr.

Einige Tage später rührte Oma einen Brotteig. Ich saß daneben und las ein Buch. ‚Du, Leni', meinte sie beiläufig, ‚im Dorf hat man mir heute erzählt, dass unten am Fluss eine Frau wohnt, deren Hündin mehrere Welpen bekommen hat. Bis auf einen hat jeder ein Zuhause gefunden. Es wäre doch nett, wenn wir den kleinen Hund zu uns nehmen würden.'

Ich blickte von meinem Buch auf. ‚Wird schon jemanden finden, das Hündchen.' Oma schüttelte den Kopf. ‚So ist das nicht, Leni. Die Leute wollen nämlich immer nur

Babys haben, und das Hündchen ist jetzt schon ein halbes Jahr alt.‘

‚Und was geschieht mit dem Hündchen, wenn es niemand haben will?‘

‚Keine Ahnung‘, sagte Oma. ‚Aber eines ist gewiss. Es möchte liebgehabt werden.‘ Omas Worte stimmten mich nachdenklich. ‚Was meinst du? Wir könnten nach dem Brotbacken das Hündchen abholen‘, fuhr Oma fort. Ich legte das Buch auf den Tisch. ‚Und ich schlage vor, dass wir das Hündchen gleich holen und du danach das Brot backst.‘ Oma lächelte. ‚Einverstanden, Leni.‘

So machten wir uns sofort auf den Weg hinunter zum Tannlahn. ‚Hoffentlich kommen wir nicht zu spät‘, sagte ich und lief voran.

Nach einiger Zeit gelangten wir zum Fluss. Ein Schild wies auf ein Haus, das auf einer großen Wiese stand. ‚Hund abzugeben', las ich. Da nahm mich Oma an der Hand, und wir gingen gemeinsam zu dem Haus.

Kaum hatten wir angeklopft, als auch schon das hohe Bellen eines Hundes zu hören war. Eine ältere Frau mit kurzen, grauen Haaren öffnete. Sie wandte sich um. ‚Hör' mit dem Bellen auf, Jojo', schimpfte sie. Das Gebell hielt aber an. ‚Diese Hündin kann manchmal ganz schön nervig sein', seufzte die Frau und zog die Türe hinter sich zu.

‚Ich nehme an, dass Sie den Welpen kaufen wollen', sagte sie dann. Als wir das bejahten, forderte sie uns auf, mitzukommen, und führte uns zu einem Ställchen neben dem Haus. Die Frau öffnete die Stalltüre, bückte sich und zog einen kleinen, rehbraunen Hund aus dem Stroh. ‚So, das ist unser Mädchen', sagte die Frau. ‚Wie süß! Das ist ja ein Chihuahua!' rief ich begeistert. ‚In einem Buch habe ich gelesen, dass Chihuahuas die kleinsten Hunde der Welt sind.' Die Frau nickte. ‚Genauso ist es.' Sie wischte das Stroh von dem Hündchen und legte mir die Kleine dann in die Arme. ‚Sie heißt übrigens Hatschepsut. Hatschepsut war eine ägyptische Königin.'

‚Aha', sagte ich.

Das Hündchen war sehr zart und fühlte sich zerbrechlich an. So nahm ich es nur sehr behutsam an mich. Als es mich dann mit seinen großen, braunen Augen ansah, hatte ich es sofort ins Herz geschlossen. ‚Das ist das liebste Hündchen der Welt', sagte ich zu Oma. ‚Dann nehmen wir es mit nach Hause', antwortete sie."

„Und warum nennst du den Hund Daisy und nicht Haptschi…ah, wie war das noch 'mal?" fragte Eschelju. „Hatschepsut", sagte Leni. „Du siehst ja selbst, wie kompliziert dieser Name ist. Da meine Kleine ohnehin eine Königin ist, habe ich sie einfach Daisy genannt. Das ist ein englisches Wort, das ich in der Schule gelernt habe. Es bedeutet Gänseblümchen. Schau, sie hat einen weißen Fleck im Nacken, und Gänseblümchen sind ja auch weiß."

„Ah ja“, sagte Eschelju. „Der Name ist sehr hübsch und passt auch wirklich gut.“

Leni stand jetzt auf, ging zu Daisy, die friedlich in ihrem Himmelbett döste, und streichelte sie. Da schlug das Hündchen seine Augen auf, drehte sich auf den Rücken und leckte Lenis Hände.

„Du bist wirklich eine tolle Idee“, sagte Leni und gab dem Hund ein Küsschen auf die Schnauze.

Wieder unterwegs

Eine unangenehme Überraschung

Es war bereits später Nachmittag geworden. „Wenn ihr wollt, könnt ihr bei mir bleiben“, sagte daher Leni, „es gibt viele gemütliche Schlafplätze in meinem Baum.“

„Das geht leider nicht“, antwortete Eschelju, „ich habe

Regins Eltern versprochen, heute wieder zurück zu sein. Außerdem möchte Erpf noch einen Ratschlag bei Doktor Mu Dsing einholen."

So begleitete Leni also Eschelju und seine Freunde aus dem Baum.

Mittlerweile hatte es zu regnen aufgehört. Stattdessen stiegen Nebelschwaden auf, und es war auch schon wieder blauer Himmel zu sehen. „Das Gewitter ist vorüber", stellte Leni fest, „ihr könnt also unbesorgt weitergehen."

Eschelju fragte Leni nach dem Weg, den sie nehmen wollten. Das Mädchen kannte jedoch diesen Weg nicht.

Da breitete Eschelju die Landkarte, die ihnen Professor Schmudsiglich mitgegeben hatte, auf dem Boden aus. Erpf tippte auf den Plan. „Schaut", sagte er, „hier ist die Lärche eingezeichnet, die dort neben dem Felsen steht." Eschelju nickte. „Genau. Wenn dieser Plan richtig ist, müssen wir zunächst den kleinen Bach überqueren und nach der Lärche dann den großen. Der große Bach fließt durch die Klamm, durch die wir dann gehen müssen."

Aufmerksam hatten auch die Spatzenschwestern die Landkarte studiert, und Willibalda stellte fest, dass es doch ein beträchtlicher Umweg war, Doktor Mu Dsing aufzusuchen. Die Spatzen wollten ja noch vor dem Abend daheim sein. „Fliegt ruhig nach Hause“, sagte Eschelju, „wir haben ja Professor Schmudsiglichs Plan.“

Willibalda sah Eschelju forschend an. „Meinst du wirklich, was du sagst?“ Eschelju nickte. „Natürlich meine ich, was ich sage. Ich meine immer, was ich sage, sonst bräuchte ich es ja nicht zu sagen.“ So tschilpten die Spatzenschwestern ein freundliches Aufwiedersehen und flogen davon.

Eschelju steckte nun den Plan wieder in die Hosentasche. Dann verabschiedeten sich auch Eschelju und seine

Freunde von Leni.

„Überlege dir, ob du nicht doch noch mit mir nach Enfantesar reisen willst“, sagte Leni. „Mache ich“, meinte Eschelju. „Aber, warum warst eigentlich du noch nicht dort, wenn es so nahe sein soll?“

„Ich warte auf Reisegefährten“, antwortete Leni. Dann schenkte sie Eschelju ein freundliches Lächeln und winkte den Freunden nach, bis sie außer Sichtweite waren.

Bald hatten sie den kleinen Bach erreicht. Steine bildeten gleichsam einen Steg, und so konnten sie mühelos das andere Ufer erreichen. Dann kamen sie zu der Lärche beim Felsen.

Der zweite Bach machte es ihnen jedoch nicht so leicht. Er war breit und ungestüm. „Professor Schmudsiglich hat nicht bedacht, dass wir kürzere Füße haben als er“, bemerkte Regin missmutig. „Professor Schmudsiglich hat nicht bedacht, dass es ein Gewitter geben könnte“, entgegnete Erpf und deutete mit einer Vorderpfote auf die vielen Bächlein, die von den Bergen ringsum herabrieselten. „Sie alle sind vom Gewitterregen genährt worden und haben diesen Bach zum Anschwellen gebracht.“ Ratlos standen sie am Ufer.

„Wir müssen durch den Bach“, meinte Eschelju. „Ich gehe mit Dienmut voran, um zu prüfen, ob das Wasser nicht zu tief für euch ist.“ Er krempelte die Hosenbeine hoch, und Dienmut verkroch sich tief in seinen Haaren. Dann begann Eschelju den Bach zu durchwaten.

Als er in der Mitte angelangt war, wandte er sich nach den Gefährten um. „Schaut, der Bach ist gar nicht so tief!“ rief er. „Das Wasser reicht mir gerade einmal bis ans Schienbein!“ Erpf und Regin aber blickten einander unschlüssig an, denn beide mochten kein Wasser. „Beim Fliegenpilz! Ich könnte mich erkälten“, näselte der Hase besorgt.

Nachdem Eschelju jedoch ohne Probleme das andere Ufer erreicht hatte, fasste sich Regin ein Herz. „Ich werde mich doch nicht von dem bisschen Wasser abschrecken lassen“, prahlte der kleine Fuchs und durchquerte mit großen Sprüngen den Bach. „Nun gut“, sagte schließlich Erpf, der kein Angsthase sein wollte, und folgte ihm.

„Jetzt müssen wir die Klamm hinuntersteigen“, stellte Eschelju fest und schritt voran. Nachdem sie einen weiteren Bach überquert hatten, wand sich der Weg in ausladenden Bögen in die Klamm hinein, wurde dann aber schnell steiler und felsiger. An normalen Tagen wäre das wahrscheinlich kein Problem gewesen, doch jetzt war das Bachbett voll. Das Wasser spritzte auf den Weg, und Felsen und Gras waren rutschig. Das war natürlich gefährlich. Erpf blieb schließlich auf einem Graspolster sitzen. „Beim Fliegenpilz, das ist ja eine unangenehme Überraschung! Wir sollten umkehren und bei Leni übernachten.“ Eschelju aber überhörte den Vorschlag des Hasen und ließ stattdessen seinen Blick über die Klamm schweifen. „Ich werde ein Stückchen vorangehen“, meinte er, „und den weiteren Wegverlauf anschauen. Bleibt inzwischen hier und wartet auf mich. Ich bin gleich wieder da.“

Tatsächlich dauerte es gar nicht lange, da war Eschelju auch schon zurück. „Der Weg ist weiter unten vollständig überflutet. Dies ist aber kein Grund, zu verzweifeln. Gleich nach der nächsten Kurve mündet nämlich ein kleiner Bach in den Klammbach. Dieser Bach ist nicht in der Karte eingezeichnet. Er kommt aber aus jener Richtung, in der Doktor Mu Dsing wohnt. Wir können ganz einfach dem Bachlauf folgen. Kommt mit mir, und seht es euch an.“ Erpf murmelte etwas von „so ein Schwachsinn“ in seinen Pelz hinein, folgte dann aber gemeinsam mit den anderen Freunden Eschelju. Kaum waren sie um die nächste Kurve, als sie auch schon das Bächlein sahen und ihm folgten.

Kurz darauf kamen sie an einen von felsigen Hängen umgebenen Platz. „Hier gibt es kein Weiterkommen“, meinte Erpf. „Abwarten“, erwiderte Eschelju und ließ seinen Blick suchend umherschweifen. Da hellte sich sein Gesicht auch schon auf, und er zeigte nach links, wo die Felsen wie eine Treppe gestuft waren. „Es ist zwar ziemlich steil, aber danach sind wir oben“, sagte er und kraxelte voran. So stiegen sie immer höher. „Du hast leicht reden mit deinen langen Beinen“, murrte Erpf. „Stimmt“, meinte Eschelju und zog zuerst Erpf und dann auch Regin über die letzte Felsstufe. „Geschafft“, sagte der Junge, „weiter geht es.“ Gleich darauf kamen sie in einen lichten Lärchenwald und stießen danach auf einen Weg. Wieder nahm Eschelju die Karte zur Hand. „Ah, das ist der Weg, der zu Doktor Mu Dsing führt. Es ist gar nicht mehr weit. Wir müssen nur noch ein Stück bergab gehen.“ Da waren sie alle sehr erleichtert und folgten Eschelju.

Doktor Mu Dsing

Bald darauf standen sie vor einer großen Felshöhle. Ein grauer Lehnsessel und ein ebenso graues Sofa standen davor. Unsere Freunde hielten nach dem Professor Ausschau, doch weit und breit war nichts von ihm zu sehen. Stattdessen entdeckten sie ein Holzhäuschen, das von einem Ast baumelte. Regin, verspielt wie er nun einmal war, gab dem Häuschen mit seiner Nase einen Stups. Es begann hin und her zu schwingen und erzeugte dabei ein quietschendes Geräusch. Da steckte ein blauer Wellensittich seinen Kopf heraus.

„Hier ist der automatische Wellensittich von Doktor Mu Dsing“, zwitscherte der Vogel, „Herr Doktor Mu Dsing ist zurzeit nicht zu Hause. Wenn Sie eine Nachricht hinterlassen wollen, nennen Sie bitte nach dem Piepton ihren Namen, ihre Telefonnummer und ihr Anliegen.“ Danach rief der Vogel: „Piiiiiiiiep!“ Die Freunde blickten einander verwundert an, und Erpf begann nervös seine

Schnurrhaare zu bewegen. „Mein Name ist Erpf Erdfell", sagte er, „ich brauche einen Rat." Da er natürlich kein Telefon besaß, gab er nur seinen Wohnort an.

Gleich darauf waren Schritte aus der Höhle zu vernehmen, und ein großer Mann kam zum Vorschein. Sein Kopf war kahl, dafür aber hatte er einen langen Kinnbart und einen dichten Schnurrbart. Letzterer wuchs zu beiden Seiten der Mundwinkel bis hinab zu seinen Schultern. In der Hand trug der Mann einen grauen Zylinderhut, den er nun ablegte.

„Mein Name ist Erpf Erdfell. Ich brauche einen Rat", echote jetzt der Wellensittich. Bevor er aber den Wohnort des Hasen wiederholen konnte, unterbrach ihn der Mann mit einer leichten Handbewegung. „Schon gut, Karlchen, schon gut", sagte er, „geh nur ruhig wieder Körnerpicken!"

Danach blickte er mit seinen grauen Augen gütig über den Rand seiner runden Brille. „Ihr habt Glück", wandte er sich an die Freunde, „soeben wollte ich mich zur Ruhe begeben, und wenn ich einmal schlafe, dann schlafe ich so fest, dass mich kein Karlchen der Welt wecken kann."

Nach diesen Worten hob er seine buschigen Augenbrauen und musterte die Freunde eindringlich. „Mein Name ist Mu Dsing, Doktor der Psychologie. Was wollen Sie, wer sind Sie, und wer von Ihnen ist Erpf Erdfell?“ Da informierte Eschelju den Psychologen, dass Professor Schmudsiglich sie geschickt habe. Danach stellte er sich und seine Freunde der Reihe nach vor. Doktor Mu Dsing bat den Hasen, sich auf das Sofa zu legen. Er selbst nahm auf dem Lehnsessel daneben Platz und schlug entspannt ein Bein über das andere.

Da der Doktor grau gekleidet war, hob er sich kaum von dem grauen Lehnsessel ab. So schien sein Kopf wie ein Ball über dem Sessel zu schweben. Nun räusperte er sich. „Stört es Sie, wenn Ihre Freunde anwesend sind?“ wollte er wissen. Der Hase verneinte. So bat Mu Dsing also die Freunde, es sich auf dem Moos ringsum gemütlich zu machen.

Der Doktor wandte sich jetzt wieder an den Hasen. „Nun gut, lassen Sie uns also mit der Sitzung beginnen." Er blickte Erpf fest in die Augen. Dann stellte er ihm verschiedenste Fragen über seine Kindheit und seine Gewohnheiten, und Erpf erzählte alles, was ihm dazu einfiel. Dabei blickte ihn der Psychologe über seine Brillengläser hinweg aufmerksam an und zwirbelte seinen Kinnbart. „Hmhm, soso, interessant, wirklich sehr interessant", bemerkte er immer wieder und musterte den Hasen noch aufmerksamer. Schließlich blickte er ihn so eingehend an, dass Erpf meinte, der Doktor schaue regelrecht in ihn hinein. „Nun erzählen Sie mir bitte, was Sie zuletzt geträumt haben." Der Hase dachte kurz nach. „Gar nichts."

„Gar nichts kann nicht sein. Jeder träumt", bemerkte Mu Dsing. „Sie können sich nur nicht daran erinnern." Erpf dachte nun gründlicher nach. Plötzlich leuchteten seine Augen auf. „Jetzt fällt mir mein Traum ein. Er ist aber sehr unsinnig."

„Es gibt keine unsinnigen Träume“, bemerkte der Doktor, „erzählen Sie bitte.“

„Also, ich träumte, in meinem Baumstamm zu sitzen. Da kam eine riesige Karotte auf mich zugehüpft.“

„Interessant, wirklich sehr interessant“, meinte Mu Dsing. „Und weiter?“

„Das war alles.“

„Hmhm, soso, wirklich sehr interessant. Es gibt also doch unsinnige Träume.“

Der Hase Ewald

Doktor Mu Dsing rückte seine Brille zurecht. „Welchen Rat brauchen Sie?“

„Ich will nicht mehr näseln und überlege, mich operieren zu lassen“, antwortete Erpf.

Der Doktor zwirbelte seinen Kinnbart. „Hmhm, soso.

Entspannen Sie sich. Ich werde Ihnen jetzt eine Geschichte erzählen. Als ich noch in Ousien lebte, behandelte ich ebenfalls einen Hasen. Dieser hieß Ewald und näselte wie Sie und viele andere auch. Das war also nicht weiter schlimm. Doch Ewald wollte Politiker werden und meinte, dass man dann nicht näseln soll." Erpf hob seinen Kopf. „Was ist denn ein Politiker?"

„Ähm", sagte Doktor Mu Dsing nachdenklich, „Politiker entscheiden, was andere zu tun haben. Das ist wichtig, sonst würde jeder machen, was er will, und das würde ein ziemliches Durcheinander ergeben. Doch nun zurück zu Ewald. Ich hatte ihm eine Operation weder empfohlen, noch hatte ich ihm davon abgeraten. Meiner Meinung nach muss jeder selbst finden, was ihn glücklich macht. Jedenfalls entschied sich Ewald gegen eine Operation. Er war nach dem Gespräch mit mir nämlich stolz darauf, ein Hase zu sein. Jetzt ist er Landwirtschaftsminister in Ousien."

Erpf kratzte sich hinter den Ohren. „Ist Ewald jetzt zufrieden?" Doktor Mu Dsing rückte wieder seine Brille zurecht. „Ich denke schon. Und er wurde auch ein guter Politiker. Manche Politiker schauen nämlich hauptsächlich auf sich selbst und auf ihre Freunde. Am Beispiel von Karotten könnte man das so erklären: Sie lassen andere Karotten ernten, teilen diese untereinander auf und helfen sich gegenseitig, zu noch mehr Karotten zu kommen. Ewald war aber nicht so. Er war gewissenhaft und sehr vernünftig. Er hat etwa durchgesetzt, dass man im Parlament Gemüse essen darf. Das war nämlich früher in Ousien nicht erlaubt, auch nicht im Landwirtschaftsministerium, obwohl Gemüse ja sehr gesund ist."

Da sprang Erpf übermütig vom Sofa. „Beim Fliegenpilz!" rief er vergnügt. „Plötzlich stört mich das Näseln gar nicht mehr." Dann bedankte er sich bei Mu Dsing für dessen Hilfe. In diesem Augenblick steckte Karlchen den Kopf aus seinem Häuschen. „Das ist der automatische Wellensittich von Doktor Mu Dsing. Es ist Schlafenszeit!" rief er.

„Ah", sagte der Doktor, „danke Karlchen, das hätte ich beinahe vergessen." Er erhob sich von seinem Sessel und setzte seinen Hut wieder auf. „Gehabt euch wohl", sprach er, „und seid glücklich. Darum geht es nämlich im Leben."

„Die Politiker in Ousien sind ziemlich unnötig", meinte Eschelju, während sie sich auf den Weg machten. „Also, ich für meinen Teil brauche jedenfalls niemanden, der mir sagt, was ich zu tun habe." Erpf nickte. „Genau. Wir kümmern uns doch selbst um unsere Karotten."

Spät am Abend langten sie bei der Fuchsfamilie an. Darum nahmen Eschelju und Dienmut gerne König Rotbarts Einladung an, im Fuchsbau zu bleiben.

Erpf hoppelte allerdings gleich nach Hause. Er holte sich eine Rübe vom Feld und setzte sich vor seinen Baumstamm. „Ich bin ein Hase!" rief er glücklich. „Ach, wie gut ist es, ein Hase zu sein!"

Ein besonderes Tier und eine wundersame Frau

Eschelju suchte jetzt wieder vermehrt nach seinen Eltern. Da er sie aber nirgendwo finden konnte, überlegte er immer öfter, die Suche aufzugeben. „Vielleicht leben sie ja gar nicht mehr“, sagte er sich, „und das ganze Suchen ist umsonst. Außerdem, wer sagt mir denn, dass es nette Eltern sind."

So begann Eschelju, allmählich wieder sein gewohntes Leben aufzunehmen. „Beim Fliegenpilz", sagte Erpf. „Es ist gut, dass du wieder mehr zu Hause bist. Man muss die Dinge nun einmal nehmen, wie sie sind. Und sie sind gar nicht so übel. Wir sind zusammen, es gibt ringsum Äcker mit Karotten, Kohl und Rüben, und wenn wir Lust darauf haben, machen wir einen gemütlichen Spaziergang."

Dienmut wiederum freute sich, dass Eschelju wieder mehr Zeit zum Spielen hatte. Seit dem Erlebnis im Spinnenwald träumte sie viel lieber auf einer Blüte von großen Abenteuern, als sich tatsächlich auf Abenteuersuche zu begeben. „Wozu brauchst du Eltern", sagte sie zu Eschelju. „Ich kenne meine ja auch nicht, und mir sind sie bisher überhaupt nicht abgegangen." Eschelju nickte. „Eigentlich geht es mir ja wirklich ganz gut", meinte er. „Ich habe Freunde, ich kann Staudämme und Baumhäuser bauen, Steine und Kräuter sammeln, habe genug zu essen und zu trinken, und einen Platz zum Schlafen habe ich auch. Was will ich mehr."

Er unternahm jetzt oft ausgedehnte Wanderungen. Einmal ging er sogar bis zum Talgrund, wo wunderschöne Tannenwälder sind und ein wilder Fluss dahinrauscht. Dort stand er lange am Ufer und beobachtete fasziniert das eisblaue Wasser.

Auf dem Rückweg lernte er dann Sonnelieb kennen, ein braunes Pferd mit einem weißen Stern auf der Stirn, mit schwarzem Schweif und schwarzer Mähne, sowie langen schwarzen Wimpern. Der junge Hengst lebte damals auf einer großen Weide in der Nähe des Flusses.

„Das Mädchen, dem ich gehöre, kümmert sich nicht mehr um mich", erzählte Sonnelieb und blickte Eschelju dabei mit seinen großen, braunen Augen traurig an. „Anfangs verbrachten wir ganz viel Zeit miteinander, doch irgendwann fand es das Kind langweilig, mit mir zusammen zu sein. Es bringt mir zwar Essen, danach geht es jedoch gleich wieder."

Eschelju schüttelte den Kopf. „Aus den Menschen werde ich nicht schlau."

„Ja, Menschen sind so verschieden. Seit kurzem besuchen mich immer wieder zwei Kinder. Sie sind sehr freundlich. Das tut wirklich gut."

Eschelju gefiel das Zusammensein mit Sonnelieb sehr. Als er sich später von ihm verabschiedet hatte, dachte er noch lange über diese Begegnung nach. „Ein Pferd ist ein besonderes Tier“, sagte er schließlich zu sich selbst.

In diesen Tagen lernte Eschelju auch viele andere Tiere kennen. Zu den Menschen hielt er allerdings Abstand.

So verstrich die Zeit, und der Junge dachte immer seltener über Lenis Vorschlag nach, mit ihr nach Enfantesar zu reisen. Außerdem zweifelte Eschelju daran, dass man einfach so durch einen Baum in ein anderes Land gelangen könne.

Als er einmal am Ufer eines Baches saß und gedankenverloren mit dem goldenen Schlüssel an seinem Handgelenk spielte, sah er plötzlich am anderen Ufer ein seltsames Leuchten. Unwillkürlich hielt er sich die Hand vor die Augen. Das Licht war allerdings sanft und blendete ihn nicht und verwandelte sich allmählich in eine Frau. Sie war nur verschwommen wahrzunehmen, aber Eschelju sah, dass sie lange, helle Haare hatte und in ihren Armen einen weißen Hasen trug. Nun kam die wundersame Erscheinung etwas näher und wie durch Nebel hindurch konnte Eschelju erkennen, dass sie ihn anlächelte. Da begann die Frau auch schon mit wohlklingender Stimme zu sprechen:

„Enfantesar sa lyra,
y lyra Leni, minnevus,
sesuwie, sesuwie Phano."

„Die Spinnenkönigin Aura hat doch Ähnliches zu mir gesprochen", dachte Eschelju erstaunt. Obwohl dies alles sehr seltsam war, fühlte er sich in der Nähe der Frau sehr wohl. So wollte er ihr noch näher sein und setzte auch schon seinen Fuß in den Bach, um ans andere Ufer zu laufen. Da löste sich jedoch die Frau samt dem Hasen wieder in Luft auf. Es war nur mehr der Wald zu sehen und das Plätschern des Baches zu hören. Eschelju war ganz alleine.

Verwundert rieb er sich die Augen. „Das war bestimmt nur ein Traum. Ich habe mich wohl zu sehr mit der Fee Allerliebst und mit dem Mondhasen beschäftigt", sagte er zu sich selbst und kniff sich in die Wange. Doch er war wach. „Das ist bizarr“, murmelte Eschelju vor sich hin.

Abschied von alten Freunden

Was die wundersame Frau gesagt hatte, ließ Eschelju nicht mehr in Ruhe. „Ich frage mich, was Enfantesar mit mir zu tun hat“, dachte er. „Ein seltsames Land, das es wahrscheinlich gar nicht gibt, und doch lässt es mich nicht los.“ So kam es, dass Eschelju beschloss, noch einmal zu Leni zu gehen.

Wenige Tage später war Escheljus Ziehvater, der Schmetterling Osiris, zu Besuch. Der Junge hoffte, dass Osiris und Erpf mit ihm kommen würden, aber die beiden reisten nicht gerne. „Wenn es dieses Land gibt, werde ich längere Zeit fort sein", sagte Eschelju traurig. „Ich kann euch doch nicht einfach alleine zurücklassen."

„Du lässt uns nicht alleine zurück", erwiderte Osiris, „wir haben ja Freunde hier. Gehe nur. Bestimmt findest du mehr über dich heraus. Keine Erfahrung ist umsonst."

„Es ist, wie Osiris gesagt hat", bekräftigte Erpf. „Geh' deinen Weg. Das tut zwar anfangs etwas weh, doch alles wird gut werden. Ich für meinen Teil habe übrigens beschlossen, zu heiraten. Bereits heute werde ich eine Heiratsanzeige an einen Baum hängen. Wenn du möchtest, kannst du mir dabei helfen. Ich habe gesehen, dass du sehr geschickte Finger hast." Erpf deutete auf ein Holzstück. „Ritze bitte darauf einen Hasen, der sich eine Häsin wünscht", sagte er. „Ich werde mein Bestes geben", meinte Eschelju und nahm einen spitzen Stein zur Hand. Das Ganze war allerdings recht mühsam und dauerte eine Weile. Als er damit fertig war, nickte der

Hase zufrieden. „Dafür, dass dies dein erstes Kunstwerk ist, schaut es wirklich toll aus“, lobte er.

Jetzt fiel Escheljus Blick auf Dienmut, die in der Nähe auf einer Blüte schaukelte. „Und, was ist mit dir?“ fragte er. „Kommst du mit?“ Dienmut war von Escheljus Reisepläntnen nicht sehr angetan, wollte ihren Freund jedoch nicht enttäuschen. „Das ist machbar“, meinte sie, und nahm einen kräftigen Schluck Nektar zu sich.

Erpf wandte sich jetzt an Eschelju. „Wir haben gar kein Geschenk für dich“, bemerkte er. „Das stimmt doch gar nicht“, erwiderte Eschelju, „ihr habt mir das kostbarste Geschenk gegeben, das man jemandem geben kann.“ Erpf blickte den Jungen erstaunt an. „Ihr wart gut zu mir“, erklärte Eschelju, „und ihr habt mir gezeigt, wie ich auch ohne euch überleben kann.“ Da freute sich Erpf. Eschelju drückte ihn an sich und streichelte sein Fell. „Eines Tages werde ich euch wieder besuchen“, versprach er. „Keiner weiß, was morgen ist“, meinte Osiris und bewegte bedächtig seine Fühler. Der Hase aber rief:

„Duselei und Entenei,
wenn ihr nicht endlich geht,
ist der Vormittag vorbei.

Beim Fliegenpilz, los geht es, ihr zwei!“

Eschelju spürte, wie seine Augen nass wurden. Da ging er, ohne sich auch nur ein einziges Mal umzudrehen, davon. Dienmut ihrerseits umschwirrte noch einmal Erpf und Osiris. Dann folgte sie Eschelju.

Nun nahmen auch der Hase und der Schmetterling voneinander Abschied. Als Osiris nicht mehr zu sehen war, hängte Erpf die Heiratsanzeige auf einen Zweig. Wohlgefällig blickte er sie an. „Ich bin ein Hase in den besten Jahren“, sagte er. „Es ist wirklich höchste Zeit, eine Familie zu gründen. Man kann ja nie genug Nachwuchs haben. Also, heuer gehen sich noch mindestens vier Kinder aus und in den nächsten Jahren dann jedes Jahr mindestens acht. Wenn man dann noch die Enkel und Urenkel bedenkt…“

Erpf klopfte begeistert mit einem Hinterbein auf den Boden. „Also, wenn man dann noch die Enkel und Urenkel bedenkt, dann erlebe ich, dass ich mindestens tausend Nachkommen habe. Das ist schon was, ja, das ist schon was“, sagte er und sprang zufrieden in seinen Baumstamm.

Währenddessen begaben sich Eschelju und Dienmut zur Fuchsfamilie. Eschelju hatte nämlich Regin versprochen, ihn mitzunehmen, wenn er sich eines Tages auf Reisen begeben sollte.

Der kleine Fuchs lief ihnen schon von weitem freudig bellend entgegen. Dann folgten seine Geschwister und schließlich Rotbart und Tilki.

Als Eschelju den Füchsen den Grund seines Kommens mitteilte, begann sich Regin vor Freude zu drehen. König

Rotbart aber sagte: „Der Abschied von unserem Ältesten fällt uns schwer. Für einen künftigen König ist es allerdings wichtig, auch anderswo Erfahrungen zu sammeln."

Nach einer köstlichen Beerenmahlzeit brachen sie schließlich auf. Rotbart gab sich gelassen, doch sein buschiger Schweif zuckte nervös. Tilki hingegen blickte sehr traurig. Es war ja ein Abschied für längere Zeit. So viel war gewiss.

Regin versuchte seine Eltern zu trösten. „Ich komme ganz bestimmt wieder. Dann werde ich euch von unseren Abenteuern erzählen."

Dienmut in Gefahr

Am Waldrand, dort, wo die große Wiese beginnt und die Pummelige Linde steht, saßen die Spatzenschwestern auf einem Zweig.

„Es hat sich herumgesprochen, dass ihr nach Enfantesar reist“, sagte Willibalda. „Wollt ihr denn mit uns kommen?“ fragte Eschelju.

„Wir sind doch keine Zugvögel. Wir wollen uns nur verabschieden."

„Das ist aber nett von euch", meinte Eschelju. „Wenn wir zurück sind, werden wir euch besuchen." Willibalda zwitscherte fröhlich. „Ah, dann gibt es neue Tratschgeschichten. Das gefällt mir. Auf Wiedersehen und eine schöne Reise!"

„Auf Wiedersehen!" riefen auch Piep und Matz, und schon flogen die Vögel tschilpend davon.

Eschelju aber ging mit Regin zur Pummeligen Linde. Er wollte nämlich noch Professor Schmudsiglich Lebewohl sagen. „Der Professor ist nicht zu Hause!" rief Dienmut, die vorangeflogen war. „Schade“, meinte Eschelju, und sie setzten ihren Weg fort.

Auch dieses Mal nahmen sie den verbuschten Feldrain. Dienmut aber war von den vielen duftenden Blüten begeistert und vergaß alle Vorsicht. Vergnügt flog sie immer weiter voran.

Plötzlich sahen Eschelju und Regin in einiger Entfernung ein Mädchen. Einen Augenblick lang hielten sie es für Leni. Als das Kind näherkam, sahen sie allerdings, dass es braune Haare hatte. Diese waren mit einer großen Schleife zu einem Pferdeschwanz hochgebunden. Die Freunde hatten sich also getäuscht, und sie verbargen sich im Gebüsch. Dienmut jedoch bemerkte das nahende Kind nicht und sog genüsslich Nektar aus einer Blüte.

Das Mädchen hüpfte nun den Weg entlang. Dabei schwang der Pferdeschwanz hin und her, und das bunte Trägerkleid bauschte sich bei jeder Bewegung. Plötzlich hielt das Kind an. Erst jetzt sah Eschelju, dass es eine Stange mit einem Netz in seinen Händen hielt. „Ah, hier ist ein schöner Schmetterling!“ rief es und warf das Netz über die Blüte, auf der Dienmut saß. Gleichzeitig war ein klagendes Stimmchen zu vernehmen. Dienmut rief um Hilfe. Doch es war zu spät. Der Schmetterling war gefangen. Eschelju und Regin beobachten, wie das Mädchen ihn in einen durchsichtigen Sack steckte und davoneilte.

„Wir müssen Dienmut befreien", sagte Eschelju und lief mit Regin in einigem Abstand hinter dem Kind her. So gelangten die Freunde ins Dorf. Glücklicherweise gab es genug Bäume, sodass sie dem Mädchen unauffällig folgen konnten.

Immer wieder sahen sie parkende Autos. „Das sind aber

seltsame Dinge“, wunderte sich Eschelju. Da war ein ungewohntes Geräusch zu vernehmen, und die beiden sprangen hinter einen Baum. Nun sahen sie eines der seltsamen Dinge näherkommen und wieder hinter einem der Häuser verschwinden. Zum Wundern blieb aber nicht viel Zeit, denn das Mädchen bog jetzt in eine schmale Gasse ein.

Vroneli

Zuerst sahen Eschelju und Regin nur hohe Hecken, doch dann gelangten sie in einen Garten. Darin stand ein schmuckes Haus. Fröhlich lief das Mädchen die wenigen Stufen zur Eingangstüre hinan. Eschelju und Regin versteckten sich in einer Hecke und beobachteten, wie das Kind an die Türe klopfte, zuerst nur ganz leicht, doch dann immer kräftiger. Daraufhin begann es in einer Tasche seines Kleides zu suchen. „Oh weh", sagte das Kind zu dem Schmetterling, „meine Eltern sind noch nicht zu Hause, und ich habe meinen Schlüssel vergessen." Nun nahm es einen kleinen, viereckigen Gegenstand aus der Tasche. „Gut, dass ich wenigstens mein Handy dabeihabe." Das Mädchen tippte mehrmals mit ihrem Finger auf den Gegenstand. Dann hielt es diesen ans Ohr. „Du, Mama, wann kommst du nach Hause? Ich habe meinen Schlüssel vergessen." Danach schwieg es. „Was, so lange noch? Und wann kommt Papa?" Das Mädchen lauschte. „Nein, Papa kommt noch später? Das ist echt dumm. Na ja, da kann man nichts machen. Ich werde einstweilen mit meinem Handy Pflanzen bestimmen. Also bis dann, Bussi und baba." Eschelju wunderte sich. „Die ist aber verrückt, spricht mit einem leblosen Ding."

Das Mädchen hob jetzt den durchsichtigen Sack in die Höhe und schaute hinein. Dienmut in ihrem Gefängnis jammerte erbärmlich, doch das Kind hörte den Schmetterling nicht. In diesem Moment stieg Eschelju versehentlich auf einen Ast, und das Mädchen entdeckte den Jungen. „Der Fasching ist doch längst vorbei", entfuhr es dem Kind, als es den seltsam gekleideten Jungen sah. „Wer bist denn du?" Eschelju kam näher. „Ich bin der Freund des Schmetterlings, den du gefangen hast."

„Du bist mit einem Schmetterling befreundet?" fragte das Mädchen erstaunt. „Das ist aber seltsam." Eschelju steckte die Hände in die Hosentaschen. „Wenn jemand seltsam ist, dann bist es du. Was soll das denn bringen, Schmetterlinge zu fangen?"

„Sie gefallen mir. Ich nehme sie mit nach Hause und betrachte sie. Wenn ich sie genug betrachtet habe, lasse ich sie wieder frei."

„Also, das ist wirklich unsinnig", stellte Eschelju fest. Das Mädchen setzte nun eine Brille auf. Dann hielt es erneut den durchsichtigen Sack in die Höhe, um das Insekt zu beobachten. Dieses surrte verzweifelt umher und stieß sich dabei immer wieder den Kopf an. „Ich habe, ehrlich gestanden, bis jetzt nicht darüber nachgedacht, wie man sich da drinnen fühlt", sagte das Mädchen. „Das ist ja echt nicht lustig", und es öffnete den Sack. Da flog Dienmut heraus und schlug fröhlich Lufthaken. „Der Schmetterling freut sich aber", meinte das Kind und schaute der davonfliegenden Dienmut nach. Dann brach es den Schmetterlingsfänger entzwei. „Ah, das gefällt mir", sagte der Junge. „Ich bin übrigens Eschelju, und wie heißt du?"

„Vroneli", antwortete das Mädchen. Eschelju ging unwillkürlich einen Schritt auf sie zu. „Vroneli!" rief er. „Bist du vielleicht Lenis Freundin?" Vronelis Gesicht hellte sich auf. „Genau. Die bin ich", sagte sie. „Woher kennst du Leni? Sie wohnt ja schon seit einiger Zeit nicht mehr im Dorf."

„Das ist eine längere Geschichte. Wir sind jedenfalls auf dem Weg zu ihr. Möchtest du mitgehen?" Vroneli schüttelte den Kopf. „Meine Eltern würden mir nicht erlauben, alleine in die Berge zu gehen. Seit mein Bruder Nik verschwunden ist, haben sie Angst, auch mich zu verlieren." Eschelju staunte. „Verschwunden?" Vroneli nickte. „Ja, verschwunden. Er wurde zuletzt unten am Fluss Tannlahn gesehen."

„Ist das der Fluss im Talgrund?“ Vroneli nickte. „Genau. Nik fehlt mir sehr. Sobald mein Geschwisterchen geboren ist, werde ich meinen Eltern nicht so abgehen. Dann werde ich meinen Bruder suchen.“

„Ah ja, das ist eine gute Idee.“

Eschelju deutete jetzt auf Vronelis Brille. „Wozu gehört denn eigentlich das Ding da? Ich habe einen Zeckenforscher und einen Psychologen getroffen, die hatten auch so etwas auf der Nase.“

„Das ist eine Brille. Ich kann damit besser sehen. Schau einmal durch." Vroneli reichte Eschelju die Brille.

Der setzte sie auch gleich auf. „Damit siehst du besser? Also, ich sehe damit nur verschwommen", stellte der Junge fest.

Vroneli nahm die Brille wieder an sich. „Na ja. Die ist eben auf meine Augen abgestimmt", sagte sie. Jetzt deutete Eschelju auf das Handy. „Und was ist das da?"

„Das ist ein Handy. Ich kann damit in die Ferne sprechen."

„In die Ferne sprechen? Warum schreist du nicht einfach?" Vroneli lächelte. „Meine Eltern sind zu weit weg, um meine Schreie zu hören. Das Handy macht es möglich, dass ich mit ihnen und mit meinen Freundinnen sprechen kann, auch wenn sie weit weg sind. Außerdem kann man damit noch viel anderes machen." Vroneli hielt das Gerät nun über eine Löwenzahnblume. „Löwenzahn", las sie vor. „Das habe ich jetzt aber auch ohne dieses Ding gewusst", meinte Eschelju.

Vroneli zeigte jetzt auf die Stufen, die zur Haustüre hinaufführten. „Wir könnten uns dort hinsetzen", meinte sie. So kam es, dass sich die beiden auf den Stufen niederließen. Da erzählte Eschelju von Osiris und Erpf, von seinem Flug über den Spiegelteich und von der Suche nach seinen Eltern. „Da ich meine Eltern hier nicht finde, werde ich versuchen nach Enfantesar zu reisen", sagte er. „Oder hast du vielleicht etwas von ihnen gehört?" Vroneli schüttelte ihren Kopf. „Ich kenne leider keine Eltern, die ihren Jungen suchen."

„Wo sind eigentlich deine Eltern?" wollte Eschelju wissen. „Mama und Papa sind arbeiten."

„Arbeiten, warum müssen die denn arbeiten?"

„Damit sie Geld verdienen. Mit diesem Geld kann man Essen kaufen und einen Platz zum Wohnen."

„Es gibt doch ringsum genug Früchte und Beeren, und Höhlen und Bäume, in denen ihr wohnen könntet", meinte Eschelju verständnislos. Vroneli zuckte mit den Achseln. „Bei uns hier ist es eben anders. Wir haben nicht genug mit Früchten und Beeren, und wir leben lieber in Häusern, als in Höhlen und Bäumen." Der Junge kratzte sich hinter dem Ohr. „Das ist bizarr. Bei euch hier ist überhaupt so einiges seltsam." Vroneli schaute Eschelju erstaunt an. „Findest du?"

„Ja, finde ich. Welche seltsamen Dinge stehen zum

Beispiel dort zwischen den Bäumen?“ Vroneli lachte. „Das sind Autos.“

„Autos? Und, wozu braucht man die?“

„Mit Autos kann man sich sehr schnell fortbewegen.“ „Aber nicht schneller als ein Fuchs?“ wollte Eschelju wissen. „Doch, schneller, als der schnellste Fuchs laufen kann.“ Der Junge blickte ungläubig. „Aber bestimmt nicht schneller als ein Hase?“

„Doch. Auch schneller als ein Hase und schneller als alle Tiere, die hier leben.“

„Das ist bizarr“, murmelte Eschelju vor sich hin. „Das Unterwegssein mit Autos kann übrigens gefährlich sein“, erklärte Vroneli. Menschen können mit ihren Autos zusammenstoßen, andere Menschen und Tiere überfahren oder von der Straße abkommen. Das ist auch Lenis Eltern passiert. Als Leni noch sehr klein war, stürzten sie mit ihrem Auto einen Abhang hinunter und starben. Darum wuchs Leni bei ihrer Oma auf.“

In diesem Augenblick hörten sie Schritte näherkommen. „Meine Mama kommt“, sagte Vroneli. Da zog sich Eschelju zu Regin und Dienmut ins Gebüsch zurück. „Lass‘ Leni von mir lieb grüßen!“ rief ihm Vroneli nach.

Eine junge Frau bog nun zum Haus ein. „Mama!“ rief Vroneli freudig und lief ihr auch schon entgegen. Die Frau umarmte Vroneli. „Ich konnte doch schon früher weggehen. Und jetzt mache ich dir dein Lieblingsessen.“ „Spinat mit Spiegelei!“ freute sich Vroneli. Die Frau nickte. „Genau. Aber, sag‘ mir, hast du nicht gerade mit jemandem gesprochen?“

„Nein. Ich habe nur so vor mich hin geplaudert.“ Nach diesen Worten ging Vroneli mit ihrer Mutter ins Haus.

Eine gute Entscheidung

„So ein liebes Mädchen“, bemerkte Eschelju, als die Türe hinter Vroneli ins Schloss gefallen war. „Na ja, wie man es nimmt“, meinte Dienmut. „Du hast wohl vergessen, dass sie mich gefangen hat.“

„Und wieder freigelassen“, ergänzte Eschelju.

Als sie dann das Dorf hinter sich gelassen hatten, setzte sich Dienmut auf eine Blüte. „Du siehst tatsächlich ziemlich mitgenommen aus“, sagte Eschelju zu der kleinen Freundin. „Wie soll ich denn sonst aussehen nach allem, was mir passiert ist“, antwortete Dienmut. „Zuerst das Erlebnis im Spinnenwald, wo ich ins Netz gefallen bin, und jetzt das Eingesperrtsein in einem Sack. Ehrlich gestanden, ich habe gar keine Lust mehr auf Abenteuer. Außerdem geht mir die Wiese beim Spiegelteich ab.“ Eschelju blickte nachdenklich. „Du willst also nicht mehr mitkommen?“

„Nein. Mir ist das alles zu aufregend. Ich fliege lieber nach Hause. Von hier finde ich noch leicht zurück.“

„Das verstehe ich. Aber du wirst mir sehr fehlen, Dienmut.“

„Wir kennen einander ja auch schon lange“, meinte der Schmetterling. Eschelju nickte. „Das kann man wohl sagen. Ich weiß noch, wie Osiris mir den Platz zeigte, wo deine Mutter dich und deine Geschwister als Ei abgelegt hatte. Ich sah dich als Raupe aus dem Ei schlüpfen und dann als Puppe kopfüber in den Zweigen hängen. Vor allem werde ich nie vergessen, wie du dich in einen Schmetterling verwandelt hast."

„Ja, das war wirklich aufregend", sagte Dienmut. „Ich wusste ja nicht, was aus mir werden sollte."

„Am Anfang warst du nicht besonders schön", bemerkte Eschelju. „Deine Flügel waren völlig zerknittert. ‚Damit kann doch keiner fliegen', sagte ich zu Osiris. ‚Abwarten', meinte dieser. Staunend beobachtete ich, wie du deine Flügel ganz langsam zu ihrer vollen Pracht entfaltet hast. Es dauerte wirklich sehr lange. Dann bist du dem Sonnenlicht entgegengeflogen. Später wurden wir dann gute Freunde. Es war sehr schön mit dir."

„Mit dir auch", sagte Dienmut, „doch ich habe wirklich großes Heimweh. Weißt du, der Ort der Verwandlung ist für unsereins sehr wichtig. Ich werde also nach Hause zurückkehren und mit meinen Freunden das Leben genießen."

„Das ist eine gute Entscheidung", meinte Eschelju.

„Wirst du irgendwann zum Spiegelteich zurückkommen?" wollte Dienmut wissen.

„Das habe ich schon vor. Allerdings weiß ich nicht, wann

das sein wird. Aber jetzt fliege nur zu.“

Da breitete der Schmetterling seine Flügel aus und hob auch schon ab. „Mach's gut, und grüße Osiris ganz lieb von mir“, sagte Eschelju. „Klar“, antwortete Dienmut und schwirrte davon.

„Schade, dass sie nicht mit uns kommt“, bemerkte Regin, „eigentlich war sie ja ganz nett.“

Wieder bei Leni

Bei den Brombeeren

Am frühen Nachmittag entdeckten Eschelju und Regin eine Waldlichtung mit Brombeersträuchern. „Mmmh“, sagte Eschelju, „das trifft sich gut. Ich habe ohnehin schon großen Hunger.“

„Ich mag heute keine Beeren“, entgegnete Regin, „ich

suche mir etwas Besseres.“ Plötzlich war ein hohes Bellen zu vernehmen. „Was ist denn los, Daisy?“ hörte man gleich darauf eine Mädchenstimme fragen. Da tauchte auch schon Leni hinter den Brombeersträuchern auf.

„Ah, ihr seid es“, sagte sie und freute sich. Auch Daisy freute sich und lief ihnen wedelnd entgegen. „Wie siehst denn du aus!“ rief Regin, als er das Brustlätzchen des Hundes sah. Dieses war nämlich vom Brombeeressen violett getüpfelt. „Wenn Erpf dich sehen könnte, würde er zu Recht ‚Beim Fliegenpilz!‘ rufen.“ Daisy schämte sich ein wenig. „Ist mir doch egal“, sagte sie aber.

„Du solltest auf eine andere Kost umsteigen“, bemerkte der Fuchs. „Hast du Lust, mit mir auf Mäusejagd zu gehen?“ Daisy schüttelte sich. „Geh‘ nur“, sagte sie. „Mir schmecken Brombeeren besser.“ Regin bewegte verständnislos seine Schnurrhaare. „Du bist ein komischer

Hund", meinte er und trollte sich davon.

Leni blickte nun Eschelju fragend an. „Seid ihr gekommen, um Brombeeren zu ernten?"

„Wir wollen Brombeeren ernten", antwortete Eschelju, „und wir haben uns überlegt, mit dir zu verreisen."

„Nach Enfantesar?"

Eschelju nickte. „Ja. Das ist zumindest der Plan." Dann erzählte er Leni von seinem Erlebnis am Bach. Da staunte das Mädchen sehr. „Und warum sind Erpf und Dienmut nicht mitgekommen?"

„Dienmut hatte ein schlimmes Erlebnis. Sie hat nun genug von Abenteuern."

„Was ist denn passiert?"

„Deine Freundin Vroneli hat Dienmut gefangen."

„Das hat sie?" wunderte sich Leni. „Das passt ja gar nicht zu ihr. Sie liebt doch Tiere."

„Vroneli wollte den Schmetterling nur genauer betrachten und hat sich nichts dabei gedacht", sagte Eschelju. Da war Leni erleichtert.

„Übrigens", warf Eschelju ein, „ich soll dir liebe Grüße

von ihr ausrichten."

„Dankeschön", freute sich Leni. „Und was ist mit Erpf?"

„Erpf reist nicht so gerne. Außerdem möchte er heiraten."

„Das ist eine gute Idee. Wer ist denn die Glückliche?"

„Er sucht erst nach ihr. So, aber nun lasst uns Brombeeren essen."

Lenis allerbeste Freundin

Nach dem Essen blickte Leni zum Himmel. „Es ist erst früher Nachmittag“, stellte sie fest. „Nicht weit weg von hier steht ein Bankerl. Dort hat man eine wunderbare Aussicht auf das Dorf Greniv und auf die Berge. Darum heißt der Platz auch „Schöne Aussicht“. Wir könnten dort ein wenig sitzen und die Sonne genießen.“

„Hier waren wir schon bei unserem letzten Besuch", sagte Eschelju, als sie ankamen. „Es ist wirklich ein sehr schöner Platz."

Sie setzten sich und Daisy legte sich daneben ins Gras, um zu schlafen. Eschelju und Leni aber blickten ins Dorf hinab. Aus dieser großen Höhe sahen die Häuser wie niedliches Spielzeug aus.

Leni zeigte auf eines der Häuser, das etwas abseits vom Dorf an einem Bach lag.

„Schau", sagte sie, „dort unten steht das Haus, in dem ich einmal gewohnt habe. Daneben fließt der Murmelbach, und der breite Weg neben dem Bach ist der Goldsternweg."

„Das sieht aber nett aus!" meinte Eschelju. „Schade, dass du nicht mehr dort wohnst."

„Ja, bei uns Menschen dürfen Kinder eben nicht alleine leben. Seit meine Oma tot ist, wohne ich also hier unter dem Zirbenbaum. Mittlerweile habe ich mich aber schon daran gewöhnt. Es ist ja auch sehr schön hier. Nur meine Oma vermisse ich manchmal. Wir haben so viel Zeit miteinander verbracht, und ich habe sehr viel von ihr gelernt. Sie hat mir beigebracht, die Vögel an ihren

Liedern zu erkennen, Pflanzen zu bestimmen und von den Wolken das Wetter abzulesen. Sie hat aber auch ganz viel mit mir gespielt und mir Geschichten erzählt. Oma war eigentlich meine allerbeste Freundin."

Leni zog jetzt ein Bild aus einem Beutel.

Es war schon sehr vergilbt und zeigte ein Mädchen mit gelockten Haaren. „Schau, das ist meine Oma", sagte sie. „Deine Oma sieht aber jung aus", bemerkte Eschelju. Leni lächelte. „Als sie meine Oma war, war sie natürlich nicht mehr so jung, aber ich habe kein anderes Bild von ihr."

„So gut kann ich jedenfalls nicht zeichnen", meinte Eschelju anerkennend und dachte dabei an die

Heiratsanzeige, die er für Erpf angefertigt hatte.

„Das ist keine Zeichnung, sondern ein Foto", erklärte Leni. „Und wie macht man so ein Foto?"

„Mit einem Fotoapparat."

„Sehr nützlich", fand Eschelju. „So einen Apparat hätte ich auch gerne."

„Leider ist meiner kaputt gegangen", sagte Leni. „Ich hätte ihn dir sonst sehr gerne geborgt."

Eschelju blickte nachdenklich. „Sterben ist echt dumm, finde ich." Leni nickte. „Finde ich auch. Aber Oma hat mir erzählt, dass es einmal ein Wiedersehen gibt."

„Das glaube ich nicht", meinte Eschelju. „Ich habe schon jede Menge tote Tiere gesehen. Aber keinem dieser Tiere bin ich jemals wiederbegegnet."

„Meine Oma hat es mir jedenfalls so erzählt", sagte Leni, „und sie hat mir auch erzählt, dass uns jene, die gestorben sind, nicht vergessen. Wenn wir an sie denken, haben sie zuvor an uns gedacht, und wenn wir von ihnen träumen, dann haben sie uns diesen Traum geschickt.

In meiner ersten Nacht im Zirbenbaum habe ich jedenfalls von Oma geträumt.

An diesem Abend legte ich mich mit Daisy ins Bett. Dann zog ich die Bettdecke über uns. ‚Wie gut doch das Bett nach Oma riecht‘, sagte ich zu Daisy. Ich stellte mir vor, dass Oma ihre Arme um mich legte und schlief ein.

Da sah ich Oma. Sie war jung und wunderschön und trug einen Blumenkranz auf dem offenen Haar. Ihr langes, nachtblaues Kleid war mit vielen, goldenen Sternen verziert. Sie stellte ein Körbchen mit duftenden Buchteln auf die Kommode und verschwand wieder.“

Als ich erwachte, warf ich gleich einen Blick auf die Kommode. Dort standen zwar keine Buchteln, aber ich hatte das Gefühl, dass es Oma gut ging und dass sie mich lieb hatte. Und dieses Gefühl war viel besser als die allerbesten Buchteln."

Eschelju blickte wieder nachdenklich. „Wie auch immer", sagte er dann, „und was auch immer einmal sein wird, Tatsache ist, ich lebe sehr gerne." Leni nickte. „Ja, das

Leben ist wunderbar. Und es ist wichtig, dass wir vor allem die schönen Augenblicke in Erinnerung behalten."

Allerlei Mädchenkram

Nun kam Regin herbeigetrottet. „Da seid ihr ja“, sagte er. „Also, ich weiß nicht, was heute mit den Mäusen los ist. Ich habe schon die ganze Gegend abgeschnüffelt und finde keine.“ Dann brummte er noch ein wenig und rollte sich neben Daisy im Gras ein.

„Du brauchst es dir gar nicht gemütlich zu machen“, meinte Leni. „Wir sollten jetzt nämlich zum Zirbenbaum gehen. Ich habe noch einiges zu erledigen.“

Als sie in der Höhle unter dem Zirbenbaum ankamen, schaute Robin aus seinem Uhrenhäuschen. „Hast du mir ein paar Brombeeren mitgebracht?" fragte das Rotkehlchen. „Natürlich", antwortete Leni und stellte ihm ein Schälchen mit Beeren hin. Da freute sich der Vogel und begann zu essen. „Es ist gut, dass du dich stärkst", sagte Leni. „Wir werden bald nach Enfantesar reisen." Robin hörte zu essen auf. „Also, da bin ich nicht mit dabei", sagte er. „Du kommst nicht mit?" fragte Leni erstaunt. „Nein, das ist mir zu anstrengend. Ihr werdet es auch ohne mich schaffen." „Na ja", sagte Leni, „wir werden unser Bestes geben."

Leni wandte sich jetzt an Eschelju. „Ich packe nun ein paar Sachen für die Reise ein."

„Gut", sagte der Junge, „ich mache es mir einstweilen gemütlich." Er streckte sich auf dem Teppich aus und beobachtete Leni. Das Mädchen trug einen bunten Rucksack herbei und legte nach und nach die verschiedensten Dinge dazu. Es waren Zopfspangen und Haarmaschen, eine Zahnbürste und Zahnpaste, Haarbürste und Kamm, Duftcreme und Nagellack, Seife und Shampoo, ein Kleid, ein Pullover, ein Regenmantel, verschiedenste Socken, Unterwäsche und Blusen. Eschelju schüttelte verständnislos seinen Kopf.

„Welche Schuhe soll ich denn mitnehmen?" fragte Leni und deutete auf ein buntes Durcheinander von Schuhen. „Gar keine", meinte Eschelju. „Ich gehe ja auch barfuß." Leni seufzte. „Du bist echt keine Hilfe", sagte sie und stellte ein Paar Ballerina Schuhe und ihre Wanderschuhe zum Rucksack.

Dann holte sie ihre Jacke, einen Regenmantel, Handschuhe und eine Haube. Zuletzt richtete Leni noch Bleistifte, Buntstifte, einen Radiergummi und einen Bleistiftspitzer her. „So, fertig", sagte sie schließlich zufrieden. „Jetzt fehlen nur noch meine Ideenhefte. Eingepackt wird dann alles vor der Abreise."

„Und warum packst du nicht gleich jetzt alles ein?" wollte Eschelju wissen. „Ich brauche davon noch einiges bei der Hand, zum Beispiel Haarbürste und Kamm."

„Haarbürste und Kamm?"

Leni zog die beiden Dinge aus dem Gepäckhaufen und zeigte sie dem Jungen. „Damit frisiere ich meine Haare."

„Ist das nicht umständlich?" meinte Eschelju, „ich fahre einfach mit meinen Fingern durch die Haare. Das genügt doch, wie du siehst".

Leni warf einen flüchtigen Blick auf ihn. „Na ja, wenn du meinst."

„Also, ich brauch' diesen ganzen Mädchenkram jedenfalls nicht", stellte Eschelju fest.

„Das ist doch kein Kram", sagte Leni. „Was du hier siehst ist lebensnotwendig. Ich bin gespannt, was du machst, wenn es kalt ist und du nicht mehr zum Anziehen hast."

Der Junge zuckte gleichgültig mit den Schultern. „Von mir aus kann es kalt sein, wie es will. Ich bin abgehärtet."

Jetzt holte Leni mehrere Hefte. Diese waren über und über mit bunten Blumen verziert. „Das sind meine Ideenhefte“, erklärte sie. „Ich habe die Hefte so genannt, weil ich darin Ideen für Geschichten sammle. Ich habe sie immer bei mir. So kann ich gleich alles aufschreiben, damit ich es nicht vergesse.“

„Hast du die vielen Blumen auf den Heften gezeichnet?“ wollte Eschelju wissen. Leni nickte. „Ja, das habe ich.“

„Die sehen so schön aus, wie die Blumen auf der Almwiese“, meinte Eschelju anerkennend. Da freute sich Leni und schlug eines der Hefte auf. Es war ohne Zeilen. Leni mag nämlich keine Zeilen. Ihrer Meinung nach sperren Zeilen Geschichten ein.

Eschelju betrachtete interessiert die vielen Zeichen auf den beschriebenen Heftseiten. Er war begeistert, dass man damit festhalten konnte, was man sprach oder dachte. „Das möchte ich auch können“, sagte er. Leni lächelte. „Ich werde dir die Buchstaben lernen. Auch werde ich dir beibringen, wie man sie zu Worten und Sätzen zusammenfügt und liest.“

„Heute noch?“ fragte Eschelju. Leni schüttelte ihren Kopf. „Lesen und schreiben kann man doch nicht an einem Tag lernen.“

„Aha“, sagte Eschelju und tippte dann mit dem Zeigefinger auf die erste Seite. „Und was steht da?“

„Quissel und quossel, qaussel und quassel,
manchmal ist diese Welt ein Schlamassel,
doch, so sieht es aus,
ich zaubere ein Märchen daraus“,

las Leni. „Das würde Erpf gefallen“, meinte Eschelju. „Er reimt ja auch so gerne.“

Wieder im Tal

„Warst du eigentlich jemals wieder in deinem Haus unten im Tal, Leni?“ wollte Eschelju wissen. „Natürlich war ich dort. Ich musste doch meine Puppen, meinen Teddybären und noch viele andere Dinge holen, die ich bei meiner überstürzten Flucht zurückgelassen hatte.“

„Dein Haus würde ich gerne besichtigen“, sagte Eschelju.

„Ich möchte es auch noch einmal gerne sehen“, meinte Leni. „Wenn du magst, können wir heute noch hinuntergehen. Wir müssen allerdings den Einbruch der Dämmerung abwarten, damit mich niemand sieht."

Leni blickte nun in den Zauberspiegel. „Eigentlich wird es eh schon dämmrig. Wir könnten also gleich gehen." Sie nahm einen Beutel und steckte einen Schlüssel, ein Stück Papier und eine Gartenschere hinein. „Wozu brauchst du das alles?" fragte Eschelju neugierig. „Das wirst du dann schon sehen", antwortete Leni.

Eschelju sah nun Regin, der faul in einer Ecke döste, fragend an. „Möchtest du mit uns kommen?" Der Fuchs gähnte. „Warum soll ich mich so anstrengen, nur um ein Haus zu besichtigen?"

„Wie du meinst", sagte Eschelju. Da steckte Robin neugierig seinen Kopf aus dem Uhrenhäuschen. „Kommst du mit?" wollte Leni wissen. „Vernünftige Leute bleiben zu so später Stunde zu Hause", piepste der Vogel und verschwand wieder in seinem Häuschen. So kam es, dass sich nur Eschelju, Leni und Daisy auf den Weg begaben.

Da es immerzu bergab ging, gelangten sie recht bald ins Tal. Es war alles ruhig, nur ein paar Hunde bellten. Daisy sträubte ihr Rückenfell. „Die Hunde sind alle angehängt oder in den Häusern“, beruhigte Leni den kleinen Hund. „Es besteht kein Grund zur Sorge.“

Sie kamen auch an der Wiese mit der Pummeligen Linde vorbei. Da sie aber Professor Schmudsiglich nicht in seiner Abendruhe stören wollten, setzten sie ihren Weg fort.

Wenig später bogen sie nach links ab und gelangten zu einer Holzbrücke. Da deutete Eschelju auf ein Schild, das verkehrt am Brückengeländer hing. Der Wind hatte es wohl umgedreht. Eschelju wendete das Schild. Drei Pfeile waren untereinander gezeichnet und daneben stand etwas geschrieben.

„Was heißt denn das alles?“

„Hier steht ‚Goldsternweg', darunter ‚Lenis Haus', und ‚Murmelbach' steht ganz unten", erklärte Leni und deutete dabei auf die Worte neben den Pfeilen. „Das Schild habe ich übrigens selbst angefertigt."

„Du bist aber geschickt", meinte Eschelju bewundernd. Leni freute sich über Escheljus Lob. „Danke", sagte sie und ging dann weiter.

Lenis Haus stand inmitten wilder Sträucher und hoher Gräser. „Es sieht ja noch ärger aus, als ich mir das vorgestellt habe", sagte das Mädchen. „Schon letztes Mal konnte ich kaum zum Haus gelangen." Sie griff in ihren Beutel, holte die Gartenschere heraus und begann auch schon den Weg freizuschneiden. Das dauerte seine liebe Zeit. Doch schließlich standen sie vor der Türe, und Leni sperrte auf.

Danach schaltete sie das Licht ein. „Was ist denn das für ein Zaubertrick", wunderte sich Eschelju. „Das ist kein Zaubertrick", entgegnete Leni, „das ist Elektrizität." Sie runzelte nachdenklich die Stirn. „Wenngleich … ich verstehe das auch nicht so ganz. Aber jetzt komm'."

Neugierig trat Eschelju ein. Überall spannten sich Spinnweben. „Schade, dass du nicht sehen kannst, wie gemütlich es hier einmal war", bedauerte das Mädchen und führte Eschelju in die Küche. Dort stand eine gepolsterte Eckbank mit einem Tisch davor. „Wenn Oma kochte, saß ich hier, erledigte meine Hausaufgaben oder las ein Buch." Leni führte nun Eschelju durch alle Räume und schließlich zu ihrem Zimmer im Dachgeschoß. Der Junge schaute sich auch hier interessiert um, während das Mädchen zu einem Bett in der Zimmerecke ging. Traurig strich Leni über die bunte Bettdecke. „Hier habe ich geschlafen. Das alles zu sehen tut mir so weh. Lass' uns besser gehen."

Leni zog jetzt die Zimmertüre hinter sich und Eschelju zu. Danach gingen die beiden die Treppe hinab und verließen das Haus. Auf der Brücke drehte sich Leni noch einmal um. „Ich war sehr glücklich hier. Das werde ich niemals vergessen."

Nachrichten im Baum

Als die Kinder wieder zum Wald kamen, ging Leni zu einem abgebrochenen Lärchenbaum. Sie bückte sich und begann, einen großen Stein auf die Seite zu schieben. „Warte, ich helfe dir“, sagte Eschelju und packte auch schon mit an. Da kam eine Öffnung im Stamm zum

Vorschein.

„Hier verstecken Vroneli und ich Nachrichten, die wir einander schreiben“, erklärte Leni und zog ein Stück Papier aus dem Beutel.

„Welche Nachricht hast du denn an Vroneli?“ wollte Eschelju wissen. Leni strich das Papier glatt. Dann begann sie zu lesen:

„Liebe Vroneli!
Morgen gehe ich mit Eschelju nach Enfantesar.
Bitte, nimm' meine Puppen und meinen Teddy zu dir,
und schau' auch auf Robin. Er kann zwar selbst für
sich sorgen, ist es aber gewohnt, dass sich jemand um
ihn kümmert. Vergiss vor allem Sonnelieb nicht.
Nach meiner Reise besuche ich Dich gleich. Aber es
kann natürlich länger dauern, bis ich wieder zurück bin.
Jedenfalls werden wir dann eine Menge zu plaudern
haben. Pass auf Dich auf! Ich mag Dich.
Danke für alles!
Leni“

„Sonnelieb?“ fragte Eschelju. „Ich kenne ein Pferd, das so heißt. Ich habe es einmal unten am Fluss getroffen.“ Leni nickte. „Ja, diesen Sonnelieb meine ich. Man muss dieses

Pferd einfach gerne haben. Vroneli und ich haben Sonnelieb oft besucht."

„Dann seid ihr also die beiden Kinder, von denen mir das Pferd berichtet hat", stellte Eschelju fest. Leni nickte. „Ja, so ist es."

„Vroneli hat mir übrigens erzählt, dass sie nicht alleine auf den Berg gehen darf", bemerkte Eschelju. „Ich weiß", sagte Leni, „aber sie lässt sich bestimmt etwas einfallen, um mir zu helfen." Dann griff sie in die Baumöffnung und legte ihre Nachricht hinein. Sofort hellte sich ihr Gesicht auf. „Ah, von Vroneli ist auch eine Nachricht da", sagte sie und zog einen Zettel heraus. Danach faltete sie den Zettel auseinander und las:

„Liebe Leni!
Ich habe eine sehr gute Nachricht für dich: Sonnelieb hat nun endlich jemanden gefunden, der ihn lieb hat und bei dem er wohnen kann. Das wollte ich dir unbedingt mitteilen.
Ah ja, was ich dir noch sagen möchte, ich habe Eschelju getroffen. Er ist ein sehr netter Junge, finde ich."

„Das ist wirklich eine gute Nachricht“, freute sich Leni. „Jetzt können wir unbesorgt abreisen.“

„Genau“, sagte Eschelju. „Übrigens, was Vroneli betrifft, ich finde sie auch sehr nett.“

„Aha“, sagte Leni beiläufig. Dann rollte sie mit Escheljus Hilfe den Stein wieder an seinen ursprünglichen Platz.

Ein kleines Abenteuer schadet nicht

Sie gingen nun hurtig weiter und Daisy sprang fröhlich voran. Mittlerweile war die Nacht hereingebrochen. „Der Wald ist um diese Zeit wunderschön“, schwärmte Eschelju. Leni nickte. „Finde ich auch. Wenngleich, ein wenig unheimlich ist es schon.“

„Was soll denn an einem Wald in der Nacht unheimlicher sein, als an einem Wald am Tag?“

„Die Dunkelheit.“

„Es ist doch gar nicht dunkel“, meinte Eschelju. „Die Sterne leuchten ja wie frisch geputzt.“

„Trotzdem. Außerdem ist Daisy ganz schön unvorsichtig“, sagte Leni und pfiff das Hündchen zurück. „Bleib‘ in unserer Nähe. Um diese Zeit fliegt der Uhu, und du bist eine leichte Beute für ihn.“ Daisy kümmerte sich aber nicht um Lenis Worte und lief unerschrocken weiter. „Huuhuuu!“ rief es da, und ein großer Vogel erhob sich aus dem Gebüsch und flog mit lautem Flügelrauschen davon. Erschrocken blieb der kleine Hund stehen. „Siehst du“, sagte Leni, „ich habe Recht gehabt und du noch einmal Glück.“

Es war aber noch etwas anderes, das den kleinen Hund erschreckt hatte, denn er bewegte sich noch immer nicht von der Stelle. „Psst“, flüsterte Leni und legte den Finger an den Mund. „Irgendetwas stimmt nicht.“ Angestrengt lauschten die beiden Kinder. „Also, mir fällt nichts Besonderes auf“, flüsterte Eschelju zurück. „Die Grillen zirpen und ein Bach rauscht. Nicht mehr und nicht weniger.“

In diesem Augenblick begann Daisy zu knurren und ihre Nackenhaare sträubten sich. „Komm, wir verstecken uns besser“, flüsterte Leni und zog auch schon Eschelju hinab ins Gebüsch. Da sahen sie in einiger Entfernung zwei dunkle Gestalten, denen ein großer Hund folgte. „Was die wohl vorhaben um diese Zeit?“, flüsterte Leni aufgeregt. „Nichts Gutes, denke ich“, flüsterte Eschelju zurück.“

In diesem Augenblick wandte sich die kleinere Gestalt um. Es war eine etwas rundliche Frau. „Das ist ja die Frau, die mich in ein Kinderheim bringen und Daisy in ein Tierheim stecken wollte“, hauchte Leni entsetzt und duckte sich noch mehr ins Gebüsch. Die rundliche Frau zupfte jetzt die größere Gestalt am Hemd. „Stopp, Herr Polizist“, sagte sie. „Da knurrt etwas.“ Der Angesprochene richtete seine Kappe zurecht und blickte sich um. „Warum sollte es hier nicht knurren“, meinte er, „der Wald ist voller Tiere, die knurren können. Wenn man davor Angst hat, sollte man zu Hause bleiben. Warum wollten Sie auch unbedingt in der Nacht gehen? Das Mädchen ist nun schon so lange verschwunden, dass es auf ein paar Stunden auf oder ab auch nicht ankommt. Außerdem könnten wir morgen in der Früh einen Suchtrupp organisieren.“

„Es kommt auf jede Sekunde an“, beharrte die Frau. „Ein Nachbar hat Leni gesehen und gleich bei mir angerufen. Leni ist hier im Wald, und es kann leicht sein, dass sie morgen schon ganz woanders ist.“ Jetzt blieb die Frau stehen und blickte sich ängstlich um. „Haben sie das gehört? Es raschelt.“

„Vielleicht ist es ein Dieb“, sagte der Polizist und zog eine Pistole aus dem Gürtel. „Ein Dieb?“ fragte die Frau entsetzt. „Hier gibt es Diebe?“

„Überall gibt es Diebe“, stellte der Mann fest. „Warum sollte es also hier keine Diebe geben.“

„Das ist ja schrecklich!“ rief die Frau. „Das hätten sie mir sagen müssen.“

„Jetzt sage ich es ja“, meinte der Polizist und richtete seine Pistole ins Dunkle. Dann wandte er sich an den Hund. „Such‘, Bobbie!“ Da begann dieser solgleich wild zu bellen und lief dann schnüffelnd zu dem Gebüsch, in dem die Kinder und Daisy saßen. Schon schaute er durch das Geäst und fletschte dabei seine großen Zähne. „Schsch, ganz ruhig“, sagte Leni zu dem Hund. „Du bist doch ein ganz Lieber, das weiß ich.“ Erstaunt blickte der Hund auf Leni. „Du sprichst meine Sprache?“

„Warum denn nicht?“

„Na ja, außer dir kenne ich keinen Menschen, der mich versteht. Das gefällt mir. Also, ich verrate euch jedenfalls nicht. Verkrümelt euch ganz einfach."

Jetzt kam der Polizist herangelaufen, und die rundliche Frau folgte. Suchend leuchtete der Mann mit einer Taschenlampe ins Gebüsch.

„Da ist keiner, Bobbie", sagte er zu dem Hund. „Schön langsam wirst du alt." Bobbie jedoch gähnte nur gelangweilt. In diesem Augenblick begann die Frau zu kreischen. „Dort läuft jemand, Herr Polizist!"

„Tatsächlich!" rief der Mann. „Sie müssen schießen", kreischte die Frau. „Warum schießen sie denn nicht?"

„Ich kann doch nicht einfach so in der Gegend herumschießen", stellte der Polizist fest und lief der Gestalt hinterher. Diese schlug wilde Haken. Dann setzte sie über einen Bach. Der Polizist und die Frau hüpften hinterher, doch keiner springt so gut wie Eschelju. Mit lautem Plumps und Wehgeschrei landeten der Polizist und die Frau im Bach. Grinsend wandte sich Eschelju an Leni, die ihm mit Daisy unbemerkt im Schutz der Bäume gefolgt war. „Wie gut ist es doch, bei einem Hasen in die Lehre gegangen zu sein", sagte er. Da entdeckte die Frau aber schon das Mädchen. „Dort ist Leni!" kreischte sie. „Bobbie, hinterher!" rief der Polizist. Doch Bobbie rührte sich nicht von der Stelle. „Na warte!" drohte der Mann, „das wird ein Disziplinarverfahren geben." Bobbie brummte allerdings unbeeindruckt vor sich hin. Die Kinder und das Hündchen liefen nun so schnell es ihre Beine erlaubten davon, und die Frau lief hinter ihnen her. Da stolperte Leni über eine Wurzel, und die Frau erwischte sie am Rockzipfel. „Ah, jetzt hab' ich dich!" rief sie. Doch da hatte sie nicht mit Daisy gerechnet. Das Hündchen wurde so wild, dass die Frau den Rockzipfel losließ. „Erschießen Sie den Hund!“ schrie sie dem Polizisten zu, doch dieser mochte Hunde und tat nichts dergleichen. Da liefen die Kinder und liefen und liefen. „Wir kriegen dich schon noch!“, hörten sie die Frau kreischen, doch da waren sie schon im dunklen Wald verschwunden.

„Das ist gerade noch glimpflich ausgegangen“, meinte Leni, als sie das Rindentürchen im Zirbenbaum verschloss. Eschelju nickte. „Ja, aber ein kleines Abenteuer hin und wieder schadet auch nicht.“

Leni und Eschelju backen Buchteln

Am nächsten Tag wurden sie von Robins Gesang aufgeweckt. Eschelju hätte noch gerne weitergeschlafen, doch da nun einmal alle wach waren, begann ein anschwellendes Tuscheln in der Stube. Schließlich war nicht mehr an Schlaf zu denken. Leni saß schon auf der Bettkante und flocht ihre langen Haare zu zwei Zöpfen. Danach schlüpfte sie in ihre rosaroten Pantoffel und ging zum Ofen, um Holzscheite nachzulegen. Es dauerte auch gar nicht lange, da durchströmte wieder wohlige Wärme die Stube und alle frühstückten gut gelaunt.

„Schade, viele Buchteln sind nicht mehr da“, bedauerte Eschelju, während er an einer der letzten kaute.

„Stimmt, aber wir backen gleich neue, wenn du möchtest“, meinte Leni. Das klang sehr verlockend. „Ah ja, das ist eine gute Idee“, sagte daher der Junge.

Leni zog nun aus einer Schublade eine weiße, gerüschte Schürze hervor. „Möchtest du auch eine Schürze haben?“ Ich habe noch eine zweite.“ Eschelju wunderte sich. „Wozu brauche ich die?“

„Du brauchst sie, damit dein Gewand nicht schmutzig wird.“

„Danke. Das ist nützlich … aber … ich bade nachher sowieso in einem Bach.“ Leni zuckte mit den Schultern. „Wie du meinst.“ Danach band sie sich die Schürze um. „Jetzt müssen wir noch Milch, Butter und Eier holen. Hilfst du mir tragen? Die Sachen stehen gleich vor dem Baum.“

„Gerne“, antwortete Eschelju und folgte Leni. Da er jedoch weder Milch noch Butter kannte, war er schon sehr neugierig auf diese Dinge.

„Mmmmh“, sagte Leni, als sie aus dem Baum schaute, „es ist tatsächlich schon alles da“, und kletterte hinaus. Tatsächlich, mitten im Gras stand ein Krug mit einer weißen Flüssigkeit, daneben war ein Körbchen mit Eiern, und auf einem Teller lag etwas Gelbliches. „Wer hat denn das alles gebracht?“ fragte Eschelju. „Hubi“, antwortete Leni.

„Hubi?“

„Hubi heißt eigentlich Hubert. Weil er aber gar so lieb ist, nenne ich ihn ganz einfach Hubi. Hubi war ein Freund meiner Oma. Er hütet auf der Nachbaralm die Schafe der Bauern und schaut, dass ich immer genug zu essen habe. Ohne ihn hätte ich hier nicht überleben können. Später möchte ich mich von ihm verabschieden. Wenn du magst, kannst du mitkommen. Wir müssen halt aufpassen, dass uns keiner dabei entdeckt.“

„Das schaffen wir schon“, meinte Eschelju. „Ich möchte Hubi unbedingt kennenlernen.“

„Gut“, sagte Leni. „Jetzt aber an die Arbeit.“ Sie reichte ihm den Krug durch die Baumöffnung. „Das ist Milch“, erklärte sie. Danach übergab sie ihm das gelbe, rechteckige Ding auf dem Teller. „Und das ist die Butter“. Schließlich drückte sie ihm noch das Körbchen mit den Eiern in die Hand. „Sei vorsichtig, Eschelju, Eier sind sehr zerbrechlich.“

Danach kletterte Leni wieder in den Baum, und während die beiden durch den Gang zurückgingen, erklärte Leni dem Jungen, was Milch und Butter sind.

Als sie in der Stube ankamen, saß Robin gerade vor dem Uhrenhäuschen und pickte Körner. „Die armen, armen Babys!“ rief er entsetzt, als er die Eier sah. „Da sind keine Babys drinnen“, beruhigte ihn Leni. „Die Hühner haben diese Eier gelegt, bevor daraus Babys entstehen konnten.“ Robin schaute ungläubig drein. „Großes Ehrenwort?“

„Großes Ehrenwort“, versicherte Leni. „Na gut, wenn du es sagst, wird es wohl stimmen“, meinte das Rotkehlchen, fand allerdings die Sache trotzdem abstoßend. Regin hingegen leckte sich genüsslich die Schnauze. „Mmmmh, Eier“, schmatzte er, „meine Lieblingsspeise“, und wollte sich auch schon eines schnappen. „Jetzt nicht, Regin, du hast doch erst gefrühstückt“, sagte Leni und zog schnell das Körbchen aus seiner Reichweite. „Blöder Eiesser!“ schimpfte Robin. „Banause“, gab Regin zurück und forderte danach Daisy zum Spielen auf. Da tollten die beiden auch schon übermütig in der Stube herum.

Leni richtete nun alle Zutaten her, und Eschelju hatte

natürlich viele Fragen. Vor allem interessierte ihn der Hefewürfel. „Was ist denn das?“

„Das ist Hefe“, erklärte das Mädchen. „Hefe ist ein Pilz, der den Teig wachsen lässt.“

„Buchteln backen ist ganz schön geheimnisvoll“, bemerkte Eschelju. Später durfte er dann die Eidotter in den Teig geben. Er ließ sie aus einiger Entfernung hineinplumpsen. Das fand er sehr lustig.

Danach drückte ihm Leni einen großen Kochlöffel in die

Hand. „So, und jetzt kannst du deine Muskeln stärken." Auch das machte dem Jungen Spaß. Schließlich begutachtete Leni zufrieden den Teig. „Das hast du gut gemacht, Eschelju", sagte sie. „Nun können wir den Teig auswalken und die Buchteln ausstechen."

Das Ausstechen der Buchteln gefiel Eschelju ganz besonders. Es blieben nämlich viele Teigreste übrig, von denen er einige genüsslich verspeiste. Danach ging es daran, mit einem Löffel Marmelade auf die Teigstücke zu geben. Auch da naschte Eschelju wieder. Die Arbeit ging dennoch rasch voran, und bald waren die Buchteln manierlich in eine Backform geschlichtet und buken im Ofen vor sich hin. Mmmh, wie gut es da in der Stube duftete!

Buchteln zu backen ist also recht unterhaltsam. Darum ist für jeden, der gerne bäckt, auf den nächsten beiden Seiten das Rezept aufgeschrieben.

Buchtelrezept

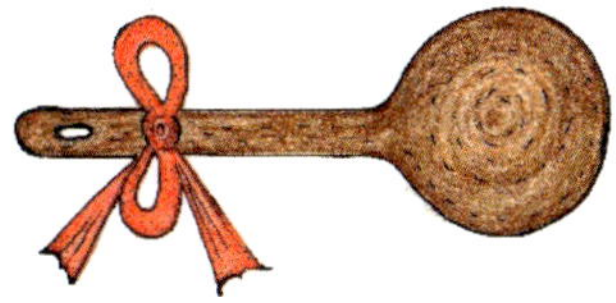

Zutaten

500 Gramm Mehl und etwas zusätzliches Mehl zum Auswalken

80 Gramm Butter für den Teig und etwas weitere Butter zum Eintauchen

300 Milliliter Milch und 70 Gramm Honig

12 Gramm Hefe und 2 Eidotter

ein wenig Salz

Marmelade zum Füllen und Fett zum Bestreichen der Backform

Zubereitung

Zuerst gebt ihr die 500 Gramm Mehl in eine Schüssel und formt eine kleine Grube im Mehl. Darin bereitet ihr einen Vorteig aus etwas Mehl, Honig, lauwarmer Milch und der Hefe. Dann wird die Schüssel mit einem Tuch abgedeckt, und der Teig muss nun 15 Minuten rasten. In der Folge vermischt ihr den Vorteig mit der übrigen Milch (wieder lauwarm), den beiden Dottern, den 80 Gramm zerlassener Butter, dem übrigen Honig, dem Salz und dem restlichen Mehl in der Schüssel. Nun muss der Teig einige Minuten lang mit einem Kochlöffel bearbeitet werden. Dann lasst ihr ihn dreißig Minuten zugedeckt rasten. Danach wird der Teig auf einer bemehlten Oberfläche mit einem Nudelwalker nicht zu dünn ausgewalkt. Jetzt stecht ihr mit einer runden Form (Keksform oder Trinkglas) Plätzchen aus. Auf diese gebt ihr gerade so viel Marmelade, dass die Buchteln nicht platzen, wenn die Teigränder über der Marmelade zusammenklappt werden. Nun werden die Buchteln in weitere zerlassene Butter getaucht und so in die befettete Backform geschlichtet, dass die zusammengeklappte Seite unten ist. Zuletzt backt ihr die Buchteln im Ofen bei etwa 180 °C, bis sie sich leicht voneinander lösen lassen. Das ist nach ungefähr zwanzig Minuten der Fall.

Guten Appetit!

Auf der Nachbaralm

Nach dem Buchtelbacken machten sich Leni, Eschelju und Daisy auf den Weg zur Nachbaralm. Zunächst gingen sie hinab zur Schönen Aussicht. Doch bevor sie dort anlangten, bellte Daisy plötzlich.

„Pssst!“ mahnte Leni. Da sah Eschelju in einiger Entfernung einen Menschen vorbeilaufen.

„Was ist denn mit dem los?“ fragte er. „Ist irgendwo ein wildes Tier, vor dem er flüchtet?“ Leni lachte. „Das ist ein Jogger, Eschelju. Manche Menschen laufen, um gesund und fit zu bleiben.“

„Ah, das ist gescheit“, sagte Eschelju, „Ich habe mit Dienmut und Erpf auch viel trainiert.“

Als der Mann nicht mehr zu sehen war, gingen sie weiter. Bei der Schönen Aussicht bogen sie diesmal jedoch nach rechts ab. Der Weg führte sie durch den lichten Wald sanft bergan. Hier und dort rieselten kleine Bächlein darüber hinweg. Das freute besonders Daisy, der das köstliche Wasser schmeckte.

„Ist es noch weit zu Hubi?“ fragte Eschelju. „Nein, überhaupt nicht“, antwortete Leni, „die Alm liegt gleich hinter der nächsten Wegbiegung.“ Dann hob sie den Zeigefinger. „Man hört schon die Glocken der Schafe.“

Als sie um die Kurve bogen, breitete sich vor ihnen eine prächtige Almwiese aus. Viele Schafe grasten dort. Leni zeigte jetzt auf einen großen Felsen. In diesen Felsen war ein kleines Haus gebaut. „Schau, dort wohnt Hubi“, sagte Leni. Dann spitzte sie die Lippen und pfiff drei Mal kurz. Sofort ertönten auch vom Felsenhaus her drei kurze Pfiffe. „Das ist unser Erkennungszeichen“, erklärte Leni dem staunenden Eschelju. „Hubi ist alleine.“

Gleich darauf war Gebell zu hören und ein Hund mit hellem Fell sprang hinter einem Felsen hervor. Ein großer Mann folgte ihm. Er hatte einen langen, dunklen Bart und auf seinem Kopf saß ein großer Strohhut. „Hubi! Timmi!“ rief Leni voller Freude, und rannte dem Mann entgegen. Dieser ließ den Stock fallen, den er in der Hand gehalten hatte, und Leni lief mitten in seine weit ausgebreiteten Arme hinein. Dabei umkreiste der Hund die beiden schwanzwedelnd.

Als aber Eschelju näherkam, begann das Tier zu knurren und sträubte sein Rückenfell. „Timmi, Platz“, sagte Hubert streng. Da legte sich der Hund nieder. Er musterte allerdings weiterhin argwöhnisch den Jungen, wobei er aufmerksam seine Hängeohren bewegte.

„Das ist wahrscheinlich Eschelju, von dem du mir erzählt hast", sagte jetzt Hubert und schüttelte dem Jungen die Hand zur Begrüßung. Leni nickte. „Genau. Er wird mit mir morgen nach Enfantesar reisen."

„Morgen schon", sagte Hubert und seine Stimme klang

ein wenig traurig. „Ich werde dich sehr vermissen, Leni. Ich freue mich aber, dass dein Wunsch in Erfüllung geht. Vielleicht ist es sogar gut, wenn du fortgehst. Ich habe nämlich gehört, dass man wieder nach dir sucht. Es soll sogar ein Suchtrupp aufgestellt werden."

„Ich weiß", bemerkte Leni. „Erst gestern konnten wir in letzter Minute einem Polizisten und einer Sozialarbeiterin entwischen."

„Ihr hättet nicht kommen sollen."

„Wir können doch nicht abreisen, ohne uns zu verabschieden."

Da hellte sich Huberts Gesicht wieder auf. „Du hast Recht. Lasst uns jetzt nicht mehr an unsere Sorgen denken. Ich habe frisches Brot und Käse und Schafmilch. Zuvor zeige ich euch aber noch die Lämmchen. Sie sind schon wieder ein wenig gewachsen."

Leni lief sofort zu den kleinen Tieren, und Eschelju folgte neugierig. Die Lämmchen waren sehr zutraulich und ließen sich gerne von den Kindern streicheln. „Wie wolligweich die sind", schwärmte Eschelju und kraulte dabei ein Lämmchen hinter den Ohren. „Hast du schon einen Namen für sie?" fragte Leni den Schäfer. „Diese haben noch keinen“, erwiderte Hubert und zeigte auf zwei der Lämmchen. „Ich wollte, dass du sie benennst.“

Leni schaute die Lämmchen an. Eines hatte einen schwarzen Kopf, und das andere war weiß. „Schwarzköpfchen und Seidenfein“, sagte Leni und drückte vorsichtig eines nach dem anderen an sich.

Später saßen sie in der Nähe des Hauses und Hubert brachte frisches Brot und Käse und Milch. Während sie gemütlich aßen und tranken, erzählte Hubert von den Schafen und vom Käsen und von anderen schäferalltäglichen Dingen.

Schließlich war es Abend geworden. „Ihr müsst jetzt nach Hause gehen, damit ihr morgen gut ausgeschlafen seid“, sagte Hubert. „Wenn ihr dann eines Tages wieder zurück seid, dann kommt gleich bei mir vorbei.“ Leni nickte. Dabei kullerten Tränen aus ihren Augen. „Nana“, tröstete der Schäfer, „so schlimm ist es ja nicht. Schau, ich habe da etwas für dich.“ Er kramte ein kleines, glänzendes Ding aus seiner Joppe. „So etwas hast du dir doch immer gewünscht.“

„Das ist ja ein Glöckchen!“ freute sich Leni. „Genau, damit du Schwarzköpfchen, Seidenfein und all die anderen Schafe und Timmi und mich nicht vergisst“, sagte Hubert.

„Nie und nimmer vergesse ich euch!“ rief Leni und umarmte ihn. „Nana“, meinte der Schäfer verlegen. „Alles ist gut, wie es ist. Geh nur. Wir werden einander bestimmt wiedersehen.“

Da wischte sich Leni die Tränen von den Augen und wandte sich zum Gehen. „Auf Wiedersehen, Hubi“, sagte sie, „auf Wiedersehen Timmi, auf Wiedersehen ihr lieben Alle!“

Vor dem Vorhang

Als sie wieder im Zirbenbaum waren, kam Robin aus seinem Häuschen. „Schätzungsweise ist es schon recht spät“, piepste er. Leni blickte auf die Uhr. „Ui, es ist nicht nur schätzungsweise, sondern auch tatsächlich schon sehr spät. Lieber Robin, wecke uns bitte morgen um sieben auf." „Ungern, sehr ungern", piepste der kleine Vogel und verschwand gähnend in seinem Häuschen. Er mochte nämlich keine Termine.

„Husch, husch ins Körbchen", sagte Leni danach zu Daisy. „Ja, halten wir uns an Erpf", bemerkte Eschelju.

„Wer in Wald und Wiese überleben will,
braucht Ruhe und Schlaf, am besten extra viel."

Regin aber, der schon die längste Zeit neben dem Ofen döste, hob kurz den Kopf. „Da seht ihr, wie vorbildlich ich bin", sagte er und döste auch schon weiter.

Leni löschte nun alle Kerzen in den Laternen bis auf eine. Eschelju deutete auf die Laterne. „Du, Leni, was ich dich schon fragen wollte. Warum löscht du diese eine Kerze nicht?"

„Ich mag nicht im Dunklen schlafen", antwortete Leni, während sie sich hinlegte. „Das verstehe ich nicht. Es lässt sich doch wunderbar schlafen, wenn es finster ist."

„Jeder ist eben anders", sagte das Mädchen und zog sich die Bettdecke über die Ohren. Da legte sich auch Eschelju nieder, und im Nu waren beide eingeschlafen.

Am nächsten Morgen erwachten sie ganz früh von dem schrillen Trillerruf Robins. Das Rotkehlchen war unausgeschlafen und daher denkbar schlecht gelaunt. „Ich hasse Zeit. Vor allem hasse ich Sieben!“ beschwerte es sich. „Hauptsache, du wohnst in einem Uhrenhäuschen“, bemerkte Regin grinsend. Robin aber kümmerte sich nicht weiter darum und begann Körner zu picken. Er hatte nämlich Hunger und wenn er Hunger hatte, wollte er sofort essen. „Horch einmal gut zu“, sagte Leni zu dem Vogel, während er vor sich hin pickte. „Da du ja nicht mitreisen willst, habe ich meine Freundin Vroneli gebeten, ein wenig auf dich zu schauen.“ Robin hörte kurz zu picken auf. „Auf mich braucht doch keiner zu schauen. Ich bin ein erwachsener Vogel. Aber wenn es dich beruhigt, dann habe ich auch nichts dagegen. Darf ich jetzt endlich weiteressen?“

„Du bist so ein alter Griesgram!“ bemerkte Regin. „Papperlapapp“, gab Robin zurück und pickte ungerührt weiter. Als er fertiggegessen hatte, rief er: „Auf Wiedersehen!“ und war auch schon wieder im Uhrenhäuschen verschwunden. Zufrieden hörten sie den Vogel vor sich hin schnäbeln. „Jetzt kann ich endlich schlafen, so lange ich will. Das gefällt mir. Das gefällt mir sogar sehr", sagte er noch. Danach war es still im Uhrenhäuschen.

An diesem Morgen war es in der Stube ungemütlich kalt. Auf Grund der Abreise legte Leni nämlich keine neuen Zirbenzapfen und Holzscheite nach. Außerdem herrschte auch ein fürchterliches Durcheinander, und in der Abwasch türmte sich schmutziges Geschirr.

Als sie mit dem Aufräumen fertig waren, deckte Leni fürsorglich ihre Puppen und den Teddy zu. „Vroneli wird bestimmt gut auf euch aufpassen", sagte sie und gab ihnen ein Küsschen.

Danach kontrollierte Leni noch einmal ihren Rucksack. „Nichts fehlt", sagte sie zufrieden. Plötzlich stutzte sie. „…bis auf die Kondensmilch", und packte auch schon eine Flasche mit einer weißen Flüssigkeit ein. „Wozu brauchst du denn die?" fragte Eschelju. „Das ist eine Milch, die sehr lange hält."

„Aha", meinte Eschelju, „ihr Menschen habt vielleicht Ideen!"

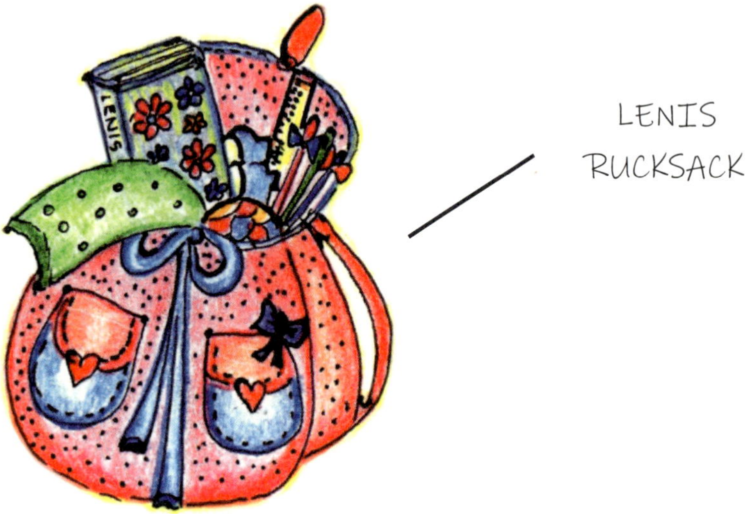

Leni machte sich jetzt daran, den Rucksack zuzuschnüren. Da trippelte Daisy in letzter Sekunde heran und legte ihre Lieblingsspielsachen zum Rucksack. Es waren dies ein buntes Bällchen und ein kleiner Stoffhund. Die mussten natürlich auch noch mit.

„Ich habe ja keinen Zauberrucksack, in den man hineinstopfen kann, so viel man möchte“, seufzte Leni, tat es dann aber doch.

Eschelju grinste. „Es ist also ein Zauberrucksack“, bemerkte er. Als er allerdings sah, wie sehr sich Leni plagte, den Rucksack aufzuheben, nahm er ihn ganz einfach auf seine Schultern. Da freute sich das Mädchen.

„Alles ist gut. Wir können jetzt gehen“, sagte Leni und ging zu dem himmelblauen Vorhang.

Spinnenwald
Erpfs
Baumstamm
Rotbarts
Reich
Lenis
Zirbenbaum
einzel-
stehende
Lärche
Klamm
Mu Dsings
Felsen
Felder
und
Wiesen
pummelige
Linde
Bauern-
hof
Dorf
Lenis
Elternhaus
Murmelbach
Klamm-
bach

Was ich euch noch sagen möchte

Ihr habt jetzt einiges über Leni und Eschelju erfahren. Was die beiden Kinder weiter erlebt haben, wird im Buch „Im Land der Biigis“ erzählt. Soviel sei schon jetzt verraten: die Kinder versuchen durch den Zirbenbaum in das sagenhafte Land Enfantesar zu gelangen. Ob ihnen das wohl gelingen wird?

Bis bald!